W0241582

IMPRESSUM

Bibliografische Information der Deutschen Bibliothek.

Die Deutsche Bibliothek verzeichnet diese Publikation in der Deutschen Nationalbibliografie.

Detaillierte bibliografische Daten sind im Internet über http://www.dnb.de/ abrufbar.

Alle in diesem Buch veröffentlichten Abbildungen sind urheberrechtlich geschützt und dürfen nur mit ausdrücklicher schriftlicher Genehmigung des Verlags gewerblich genutzt werden. Eine Vervielfältigung oder Verbreitung der Inhalte des Buchs ist untersagt und wird zivil- und strafrechtlich verfolgt. Das gilt insbesondere für Vervielfältigungen, Übersetzungen, Mikroverfilmungen und die Einspeicherung und Verarbeitung in elektronischen Systemen.

Die Projekte aus diesem Buch sind nur für den persönlichen Gebrauch bestimmt oder als Spende an gemeinnützige Organisationen und Einrichtungen sowie als Ausstellungsstücke mit dem Vermerk auf den Urheber:

Design: © 2019 Edition Michael Fischer aus dem Buch „Nähen kompakt – Ordnungshelfer nähen".

Für die kommerzielle Verwendung der Vorlagen und fertiggestellten Projekte muss die Erlaubnis des Verlags vorliegen.

Die im Buch veröffentlichten Aussagen und Ratschläge wurden von Verfasser und Verlag sorgfältig erarbeitet und geprüft. Eine Garantie für das Gelingen kann jedoch nicht übernommen werden, ebenso ist die Haftung des Verfassers bzw. des Verlags und seiner Beauftragten für Personen-, Sach- und Vermögensschäden ausgeschlossen.

Bei der Verwendung im Unterricht ist auf dieses Buch hinzuweisen.

EIN BUCH DER EDITION MICHAEL FISCHER

1. Auflage 2019

© 2019 Edition Michael Fischer GmbH, Igling

Bildnachweis: Claudia Günther (S. 9, 11, 13-25, 29, 31, 37, 39, 49, 50, 52, 53, 55, 56, 58, 59, 61-63) Verlag (S. 9 oben links), Elisabeth Berkau (Cover und U4, 4 oben, 28, 30, 36, 38, 48, 51, 54, 57, 60), Patrick Wittmann (S. 4 links unten, 32, 35 rechts, 42, 45, 84, 86, 88, 90, 93, 94) Swantje Lindemann (S. 33-35 links, 43, 44, 46, 47, 85, 87, 89, 91, 92, 95), Corinna Brix (Cover links oben, S. 40), Swantje Wendt (S. 41), Christin Pardun (S. 1 oben rechts, S. 4 unten rechts, 64, 65, 74-83), Selmin Ermis-Krohs (S. 1 oben links, 66-73)

Texte: Claudia Günther (S. 8, 10, 12, 14-25, 28-31, 36, 37, 38, 39, 48-63), Swantje Lindemann (S. 32-35, 42-47, 84-95), Swantje Wendt (S. 40, 41), Christin Pardun (S. 64, 65 74-83), Selmin Ermis-Krohs (S. 66-73)

Lektorat: Karin Leonhart

Layout: Verena Raith

Satz: Michaela Zander

ISBN 978-3-96093-254-3

Printed in Slovakia

www.emf-verlag.de

MIX
Aus verantwortungsvollen Quellen
FSC® C023577
FSC www.fsc.org

INHALT

Poststation, S. 38

Hai-Wäschesack, S. 30

Büchleintasche, S. 84

Stoffbeutel to go, S. 74

VORWORT

♥ Endlich Schluss mit dem Chaos! ♥
Hier kommen viele praktische Ordnungshelfer, die du selbst gestalten und nähen kannst.

Ob ein Utensilo für den Krimskrams, ein süßes Mäppchen für deine Stifte, ein Hai, der Wäsche frisst, oder ein stylisher Beutel für deine Wäscheklammern: Alles bekommt seinen eigenen Platz!

Und weil es so viele schöne Stoffe gibt und du dich sicher nur schwer für einen entscheiden kannst: Nähe einfach schon mal auf Vorrat für Weihnachten oder den Geburtstag deines Lieben. Über die nützlichen Helfer freuen sich alle, noch dazu, wenn sie selbst gemacht sind!

Werde also kreativ und probiere die unterschiedlichsten Stoffe und Materialien aus. Du wirst sehen: Nähen macht süchtig!

GRUNDLAGEN ZUM NÄHEN

TEXTILIEN

BAUMWOLLSTOFFE

Gewebte Baumwollstoffe gibt es in Hülle und Fülle – sei es ganz schlicht als einfarbige Stoffe oder als bunt gemusterte Patchworkstoffe. Oft werden von Stoffdesignern zusammenpassende Stoffe als eine Serie angeboten, die zum Kombinieren einlädt. Diese Stoffe eignen sich sowohl als Ober- als auch als Futterstoffe von Taschen, Mäppchen & Co. deiner Fantasie sind hier keine Grenzen gesetzt. Soll dein Nähwerk später einen guten Stand haben, verstärke diese Stoffe vor dem Nähen mit Vlieseinlage. Welche Einlage du am besten verwendest, entnimmst du der Materialliste des entsprechenden Projekts.

CANVAS

Canvasstoffe sind fester gewebt als normale Baumwollstoffe und damit sehr robust. Sie eignen sich also perfekt für Nähstücke, die täglich im Einsatz sind oder stark beansprucht werden. Da sie auch dicker sind, haben sie von Natur aus einen guten Stand und müssen meist nicht extra mit Vlieseinlage verstärkt werden.

KUNSTLEDER

Lederimitate besitzen als Grundlage ein Gewebe, welches mit Kunststoffen beschichtet ist und durch eine Prägung ein lederähnliches Aussehen erhält. Kunstleder gibt es in verschiedenen Stärken, welche sich auf die Eigenschaften des Materials auswirken. Dünne Kunstleder sind oft weich und geschmeidig, dickere hingegen robust und starr. Für Taschen und Beutel eignen sich eher weichere, unelastische Lederimitate. Genäht wird Kunstleder mit einer 80er- oder 90er-Stretchnadel, damit das Gewebe nicht zerschnitten wird. Damit dein Nähfüßchen besser über das Kunstleder gleitet, kannst du die Unterseite mit Masking Tape bekleben oder einen Teflon-Nähfuß verwenden. Da Lederimitate aus Kunststoffen bestehen, sind sie nicht hitzebeständig und sollten daher auf keinen Fall gebügelt werden.

BESCHICHTETE BAUMWOLLSTOFFE

Bei diesen Stoffen wird die gemusterte Oberseite mit einer Vinylschicht überzogen und so wasserfest gemacht. Diese laminierten Stoffe sind oft weicher und flexibler als herkömmliches Wachstuch und gut für den Einsatz bei Taschen, Mäppchen & Co. geeignet. Auch hier solltest du dein Nähfüßchen mit Masking Tape versehen oder einen Teflon-Nähfuß verwenden.

SNAPPAP/SNAPPAP PLUS

Hierbei handelt es sich um ein Papier in Lederoptik, das aus einer Papier-Kunststoff-Mischung besteht. Es ist vegan, lebensmittelecht und weder umwelt- noch gesundheitsschädlich. SnapPap kann gewaschen, genäht, geschnitten, geplottet, gefärbt, beklebt oder bestempelt werden. Deiner Fantasie sind keine Grenzen gesetzt! Durch Zerknautschen und/oder Waschen entsteht die Lederoptik des Materials. Bei SnapPap plus wurde das Zerknautschen schon maschinell herbeigeführt. Es ist daher weicher als das herkömmliche SnapPap und hat schon von vornherein eine lederähnliche Oberfläche.

Baumwollstoffe

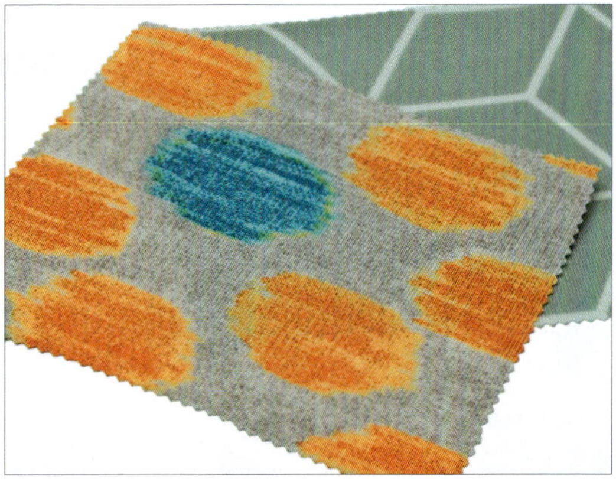

Beschichtete Baumwollstoffe

Canvas

SnapPap/SnapPap plus

Kunstleder

WERKZEUGE

1. Reißverschlussfüßchen
2. Universalfüßchen
3. Nähmaschinennadeln (Universal, Stretch)
4. Rollschneider
5. Schneidematte für Rollschneider
6. Patchworklineal zum Schneiden mit dem Rollschneider
7. Doppelseitiges Klebeband (Wonder Tape)
8. Papier zum Übertragen des Schnittmusters (Backpapier, Transparentpapier auf Rolle, Seidenpapier)
9. Handarbeitsschere
10. Fadentrenner
11. Fadenschere
12. Stäbchen (als Wendehilfe, zum Ausformen von Ecken und Rundungen)
13. Stoffschere
14. Maßband
15. Handmaß
16. Minibügeleisen
17. Dampfbügeleisen
18. Kam-Snap-Zange
19. Vario-Zange
20. Schnittmusterbeschwerer (zum Fixieren des Schnittteils auf dem Stoff)
21. Stecknadeln
22. Clips
23. Wasserlöslicher Markierstift
24. Kreiderad
25. Kreidestifte
26. Masking Tape

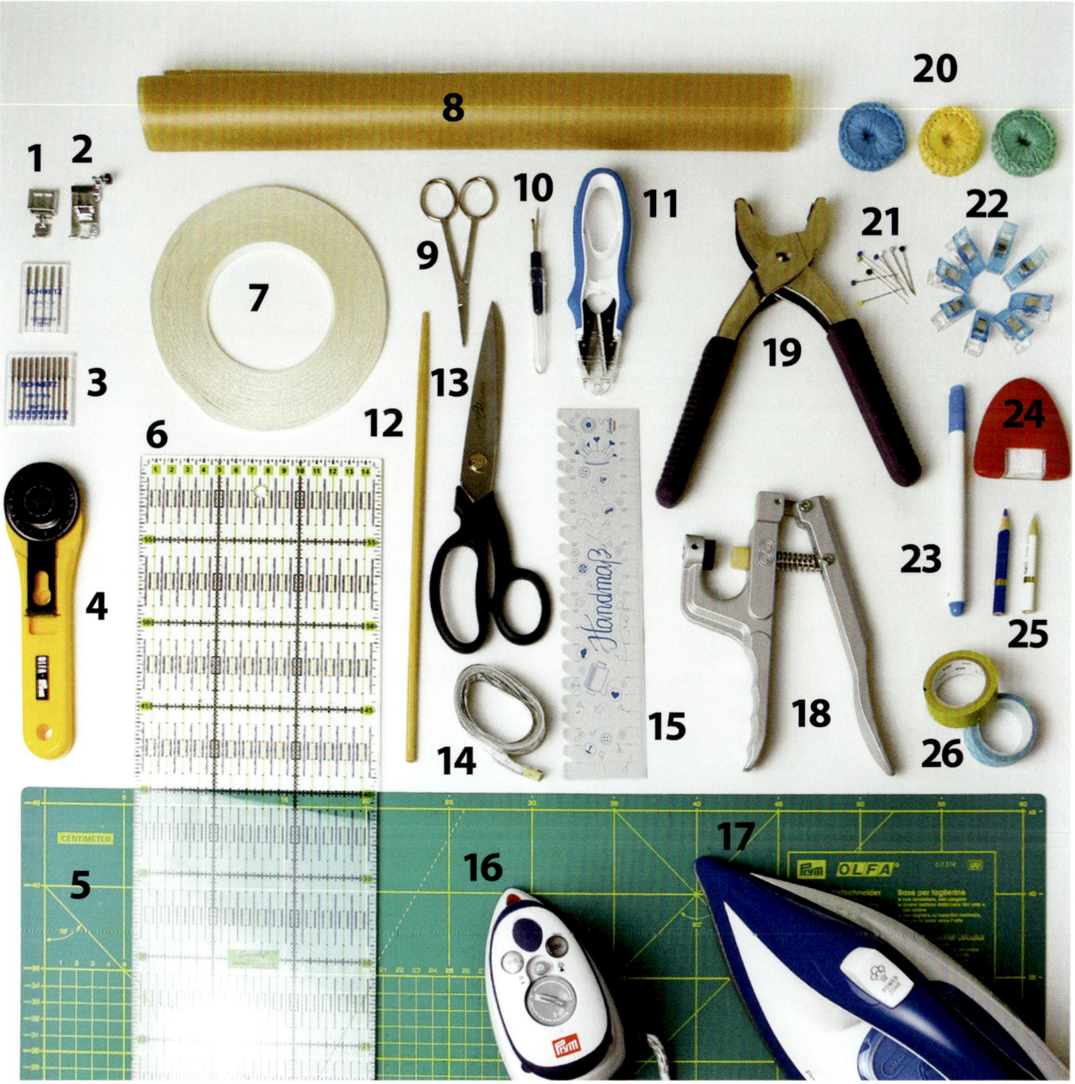
20
8
1
2
10
11
9
7
21
22
19
13
3
12
24
6
23
4
25
18
15
14
26
17
5
16
CENTIMETER
OLFA
Prym

KURZWAREN

VERSCHLÜSSE

Um Behältnisse zu verschließen, gibt es vielfältige Möglichkeiten. Sehr gut geeignet und leicht anzubringen sind z. B. Magnet- und Drehverschlüsse sowie Steckschlösser und -schließen. Es gibt sie in vielen verschiedenen Ausführungen.

RINGE UND KARABINER

Um Riemen zu befestigen und in der Länge zu verstellen, gibt es verschiedene Arten von Karabinern, D-Ringen, Regulierern und Steckverschlüssen in vielen Farben und Metalllegierungen. Je nach Größe und Farbe dienen sie auch als Zierde.

KAM SNAPS

Hierbei handelt es sich um Plastikdruckknöpfe, die es in vielen verschiedenen Farben und auch Formen gibt. Mit ihnen kannst du Taschenklappen, Innentaschen und noch viel mehr versehen – und das immer in der zum Stoff passenden Farbe.

GURTBAND

Taschengriffe, Trageriemen, Schlaufen etc. lassen sich sehr gut aus Gurtband herstellen. Hier hast du die Wahl zwischen Gurtband aus Polyester und Baumwolle in verschiedenen Breiten. Während Baumwolle das natürlichere Material ist, hat Polyester den Vorteil, weniger zu wiegen und schneller zu trocknen. Die Enden von Polyester-Gurtbändern sollten vor der Weiterverarbeitung mit einem Feuerzeug versiegelt, die von Baumwollgurtband mit einem Zickzackstich versäubert werden, damit nichts ausfransen kann.

REISSVERSCHLÜSSE

Es gibt viele verschiedene Reißverschlussarten für Dekorations- und Aufbewahrungsobjekte in unterschiedlichen Breiten. So gibt es solche in fertigen Längen oder Endlos-Reißverschlüsse. Diese sind besonders praktisch, da sie individuell auf das entsprechende Projekt zugeschnitten werden können. Außerdem kann man hier einen größeren Vorrat anlegen. Die Reißverschlüsse gibt es in verschiedenen Farben, metallisiert (in Kupfer, Silber oder Gold) oder besonders dekorativ als Spitzen-Reißverschluss.

KORDELN

Kordeln gibt es in verschiedenen Dicken, Farben und Arten (geflochten oder gedreht). Sie eignen sich besonders gut als Dekoration und für Henkel. Auch der Blick in den Seglerbedarf kann hier lohnen oder du recycelst Kordeln oder Taue, die du bereits zu Hause hast.

WEBBÄNDER

Mit Webbändern lassen sich Näharbeiten wunderbar verzieren. Sie sind in allen erdenklichen Farben und Mustern erhältlich und sicher auch passend zu deinen Ideen.

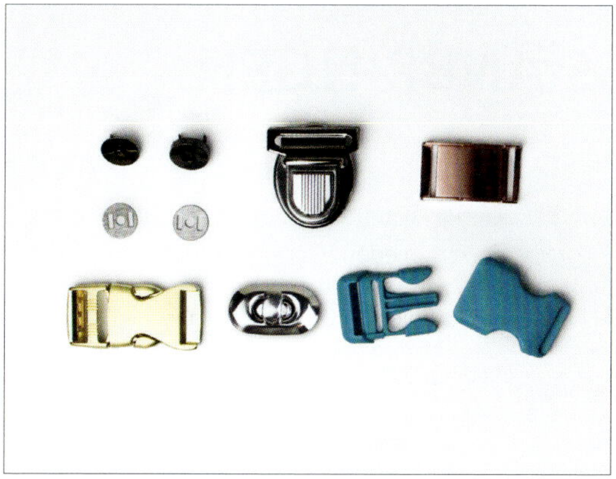

Verschlüsse

Gurtband

Ringe und Karabiner

Reißverschlüsse

Kam Snaps

Kordeln

MAPPENSCHLOSS ANBRINGEN

1. Oberteil positionieren

Stecke das Oberteil des Mappenschlosses auf die Taschenklappe, markiere die Löcher und stich mit einer Ahle an diesen Stellen durch alle Stofflagen hindurch.

2. Oberteil anbringen

Stecke die Klammer von vorn nach hinten durch die beiden Löcher.

3. Oberteil fixieren

Drücke nun die Klammerteile auf der Rückseite nach innen um.

4. Unterteil positionieren

Stecke das Unterteil des Steckschlosses auf das Oberteil und drücke die Stifte des Unterteils in den Stoff. Zeichne diese Markierungen noch einmal mit einem wasserlöslichen Stift an.

5. Unterteil anbringen

Durchstich die Markierungen mit einer Ahle. Achte darauf, dass du nur durch den Oberstoff stichst. Die linke Stoffseite sollte an dieser Position unbedingt mit einem Vlies verstärkt werden, damit das Schloss später nicht ausreißt.

6. Unterteil fixieren

Stecke die Stifte des Schlossunterteils durch die entsprechenden Löcher, schiebe das Metallplättchen über die Stifte und biege diese nach innen um.

REISSVERSCHLUSS-ENDSTÜCKE

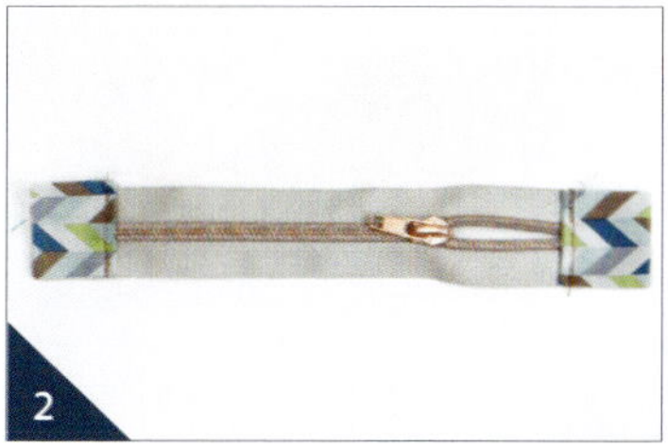

1. Endstücke vorbereiten
Schneide zwei Endstücke in der Breite des Reißverschlusses und 6 cm lang zu. Falte die Endstücke in der Mitte und bügle die Bruchkanten.

2. Endstücke annähen
Lege die Endstücke rechts auf rechts bündig zu den Reißverschluss-Enden an. Die Bruchkanten zeigen nach innen, die offenen Kanten stoßen an die Enden des Reißverschlusses. Nähe nun jeweils eine Naht knappkantig entlang der Bruchkante.

3. Reißverschluss zurückschneiden
Schneide nun auf der Rückseite den Reißverschluss auf ca. 5 cm nach der Naht zurück.

TIPP
Über die Reißverschluss-Endstücke lässt es sich leichter nähen und es entstehen keine unschönen Wulste an deinem fertigen Teil.

STECKFACH NÄHEN

TIPP
Neben einer klassischen Zweierunterteilung kannst du auch schmale Stiftfächer nähen oder die Fächer an deine Accessoires individuell anpassen.

1. Steckfach vorbereiten
Das Steckfach wie folgt vorbereiten: Links auf links zusammenlegen und die obere Kante knappkantig absteppen. Versäubere die Nahtzugaben der offenen Kanten und bügle sie 1 cm nach innen.

2. Stechfach aufnähen
Stecke das Fach links auf rechts auf und nähe die seitlichen und unteren Kanten mit eingeklappter Nahtzugabe knappkantig fest. Nähe ggf. noch eine Unterteilung in der Mitte des Fachs.

SCHLAUCHFACH NÄHEN

TIPP

Achte bei gemusterten Stoffen darauf, dass der Musterverlauf auf der späteren Vorderseite nicht auf dem Kopf steht! Die sogenannten Kopfmuster wie z. B. Tiere, Landschaften und Blumen haben ein eindeutiges Oben und Unten.

1. Seitennaht schließen

Lege das Schnittteil für das Schlauchfach längs rechts auf rechts zusammen und schließe die Seitennaht.

2. Schlauch unterteilen

Unterteile die entstandenen Schlauchöffnungen in Viertelschritten und markiere diese mit Nadeln.

3. Enden aufeinanderlegen

Ziehe das eine Schlauchende durch das Innere des Schlauchs, sodass die beiden Kanten bündig zusammenliegen. Hier treffen die Seitennähte und die restlichen Markierungen aufeinander. Der Schlauch liegt rechts auf rechts zusammen. Kanten fixieren und bis auf eine ca. 10 cm große Wendeöffnung zusammennähen.

4. Schlauchnaht schließen und absteppen

Wende den Schlauch durch die Öffnung, klappe die Nahtzugaben nach innen und schließe die Öffnung mit einer knappkantigen Naht. Achte darauf, dass du nur die Wendeöffnung schließt und nicht den Schlauch mit annähst. Lege ihn so zusammen, dass die anfangs genähte Seitennaht in der Schlauchöffnung im Stoffbruch liegt. Richte die zweite Kante ebenso aus und bügle beide. Steppe sie knappkantig ab.

5. Schlauch wenden

Wende den Schlauch, sodass die zusammengenähte Wendeöffnung innen liegt. Lege die Naht auf der Rückseite so, dass sie ca. 3 cm von der oberen Kante des Schlauchs entfernt liegt. Bügle die obere Kante.

ENDLOS-REISSVERSCHLUSS

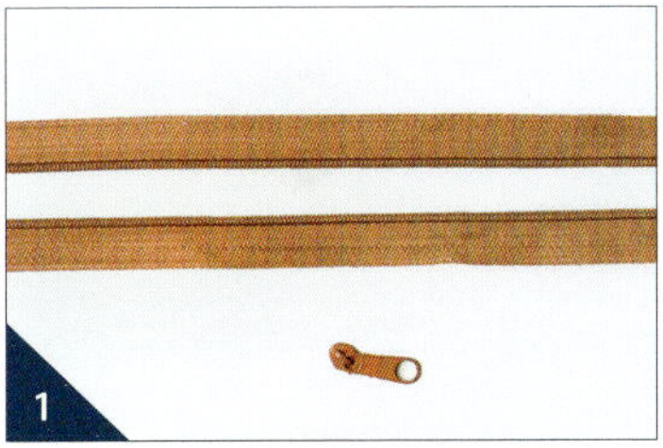

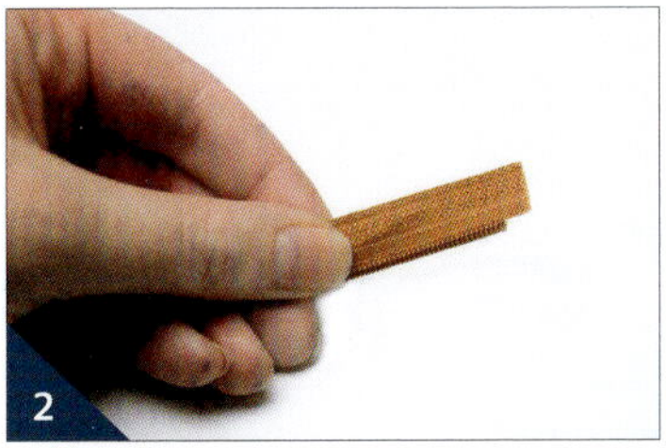

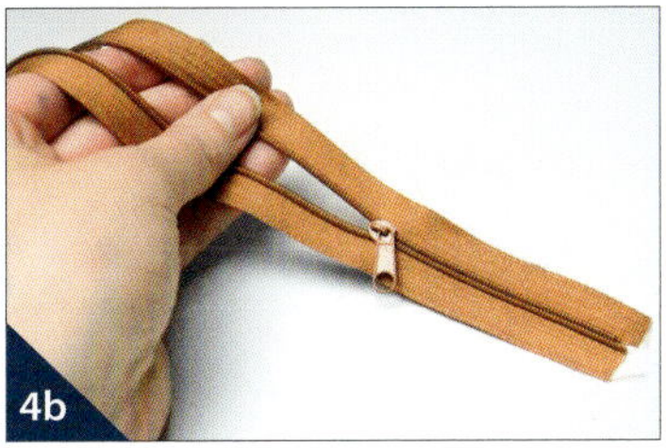

1. Vorbereiten

Wenn du einen Endlos-Reißverschluss für dein Taschenprojekt verwendest, musst du zunächst den Schieber auffädeln. Schneide deinen Reißverschluss etwas größer zu als angegeben. Öffne den Endlos-Reißverschluss zunächst, sodass du zwei Teile vor dir liegen hast.

2. Zähnchen entfernen

Schneide vom rechten (auf Bild 1 oberen) Teil ein paar Millimeter der Zähnchen heraus.

3. Schieber links einfädeln

Fädle den Schieber auf den linken Teil des Reißverschlusses.

4. Schieber rechts einfädeln

Nun setzt du den rechten Teil des Reißverschlusses mit den ausgeschnittenen Zähnchen an den Schieber, hältst beide Enden fest und ziehst den Schieber vorsichtig nach vorn. Das ist der kniffligste Teil.

5. Schieber sichern

Verriegle nun noch beide Enden des Reißverschlusses, indem du einige Male quer über die Reißverschlussraupe nähst. Damit kann der Schieber nicht aus Versehen ausgefädelt werden. Das Nähen mit der Nähmaschine funktioniert nur bei Plastikzähnchen. Wenn dein Reißverschluss Metallzähnchen hat, solltest du die Raupe mit ein paar Handstichen verriegeln.

6. Reißverschluss zuschneiden

Schneide deinen aufgefädelten Reißverschluss nun auf das richtige Maß zu.

STECKFACH MIT REISSVERSCHLUSS

♥ AUFBAU

Für das Wand-Utensilo, das du auf Seite 60 findest, brauchst du ein Steckfach mit integrierten Reißverschlussfächern.

Du benötigst folgende Schnittteile aus den bei der Anleitung angegebenen Materialien:

- Reißverschlussfach oben
- Reißverschlussfach unten
- Reißverschlussfach Rückseite
- Reißverschluss-Endstücke
- 2 Reißverschlüsse inkl. Schieber: je 22 cm

1

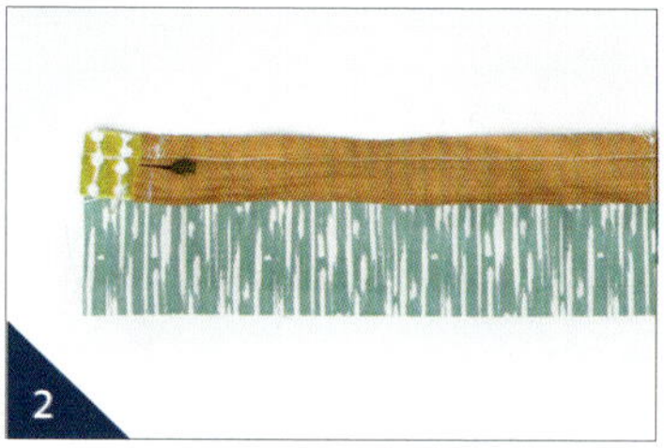
2

3

Wenn du einen Endlos-Reißverschluss verwendest, fädle zunächst die Schieber auf.

1. Reißverschluss vorbereiten

Nähe an das linke Ende des einen und an das rechte Ende des anderen Reißverschlusses jeweils eines der beiden kleineren Endstücke, wie auf Seite 15 beschrieben, an. Das große Endstück dient als Verbindungsteil. Klappe hier beide Enden jeweils 2 cm auf die linke Stoffseite um und nähe das Endstück nun an die verbliebenen Reißverschluss-Enden an. Die überstehenden Enden der Reißverschlüsse, wie in der Anleitung zu den Endstücken auf Seite 17 beschrieben, bis kurz vor die Naht zurückschneiden.

2. Reißverschluss an das obere Teil nähen

Fixiere den Reißverschluss rechts auf rechts an der unteren Kante des Schnittteils „Reißverschlussfach oben" und nähe ihn an. Verwende das Reißverschlussfüßchen. Die Nahtzugabe beträgt hier 0,7 cm. Wenn du am Schieber angekommen bist, versenke die Nadel im Stoff, hebe das Füßchen, ziehe den Schieber an der Nadel vorbei, senke das Füßchen und nähe weiter.

3. Reißverschluss an das untere Teil nähen

Lege nun den Reißverschluss mit der verbliebenen offenen Kante rechts auf rechts an die obere Seite des Schnittteils „Reißverschlussfach unten" und nähe ihn daran fest.

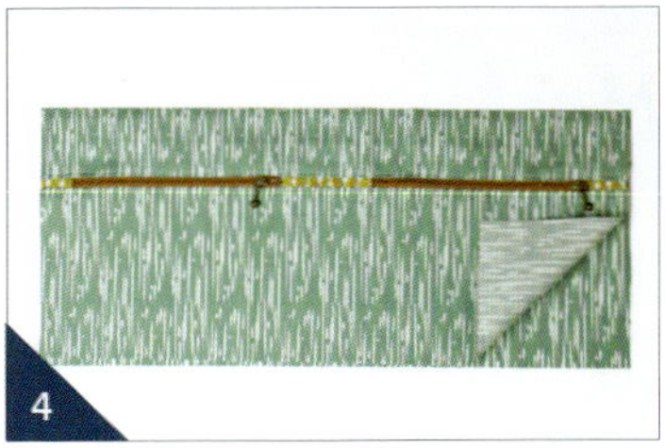

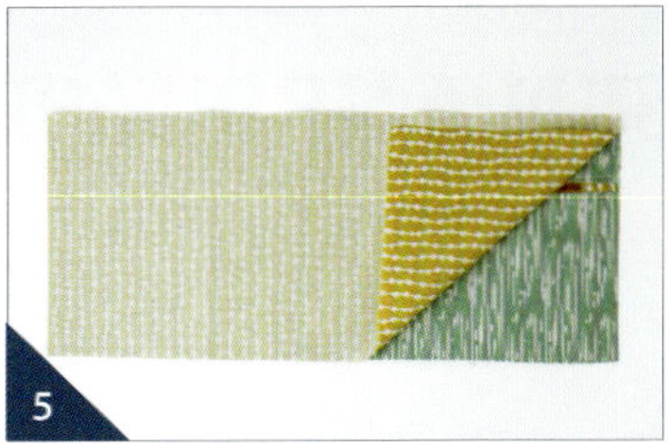

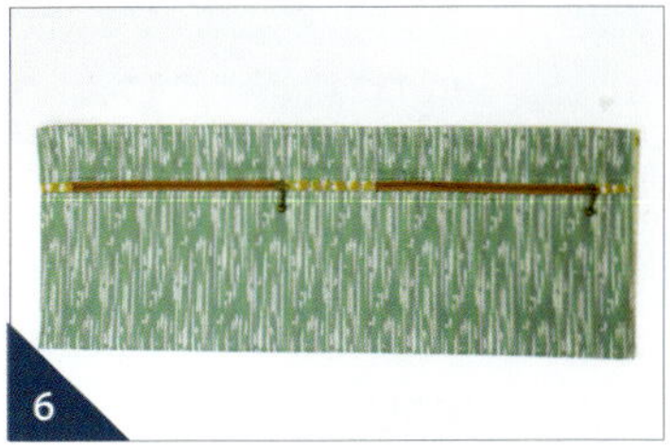

4. **Reißverschlussfach auf die Rückseite nähen**

Klappe das Reißverschlussfach auseinander und bügle die Kanten am Reißverschluss. Steppe diese knappkantig ab. Lege nun das Schnittteil „Reißverschlussfach Rückseite" aus Oberstoff 1 rechts auf links darunter und nähe es ringsum knappkantig fest.

5. **Reißverschlussfach auf den Oberstoff nähen**

Lege das Schnittteil „Reißverschlussfach Rückseite" aus Oberstoff 2 rechts auf rechts darauf und nähe es an der oberen und unteren Kante fest.

6. **Fertigstellen**

Wende das Fach und bügle die beiden Kanten. Steppe die obere Kante knappkantig ab.

Das Steckfach kann jetzt auf das Projekt genäht werden.

TUNNELZUG NÄHEN

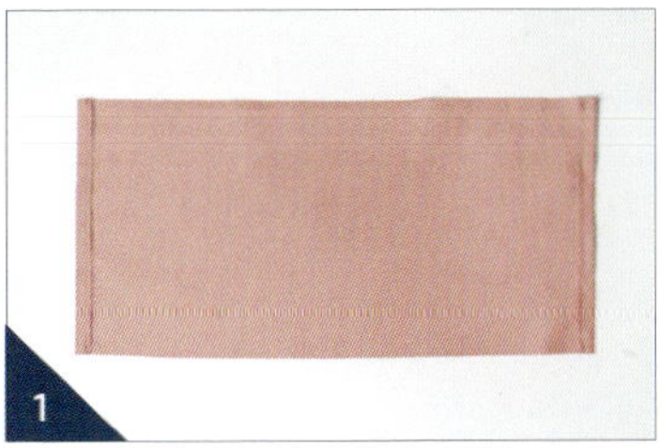

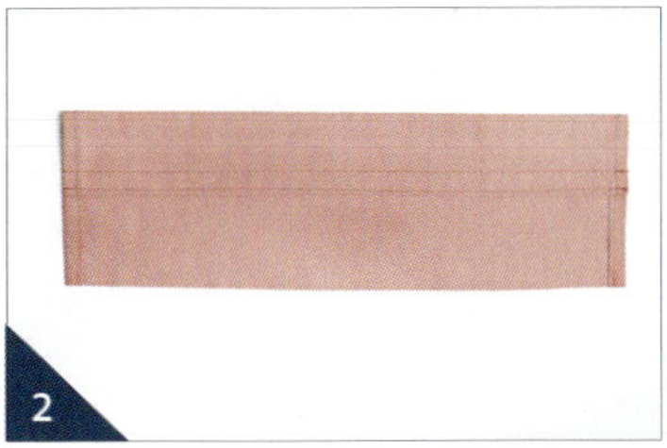

TIPP

Sehr schmale Tunnel lassen sich mithilfe eines speziellen Wendewerkzeugs wenden. Essstäbchen o. Ä. sind auch geeignet dazu, aber bitte keine spitzen Gegenstände verwenden.

1. **Seitennähte schließen**

Klappe die Seitenteile 1 cm auf die linke Stoffseite und schlage sie dann noch einmal 1 cm um. Bügle die Kanten und nähe sie knappkantig fest.

2. **Fertigstellen**

Schlage die Nahtzugabe der Oberkante auf die linke Stoffseite um und bügle diese. Schlage nun die obere Kante noch einmal 10 cm zur linken Stoffseite um. Nähe an der unteren Kante (eingeschlagene Nahtzugabe) den Tunnelzug knappkantig zusammen und nähe im Abstand von 1 cm zur unteren Kante noch eine zweite Naht.

ÖSEN ANBRINGEN

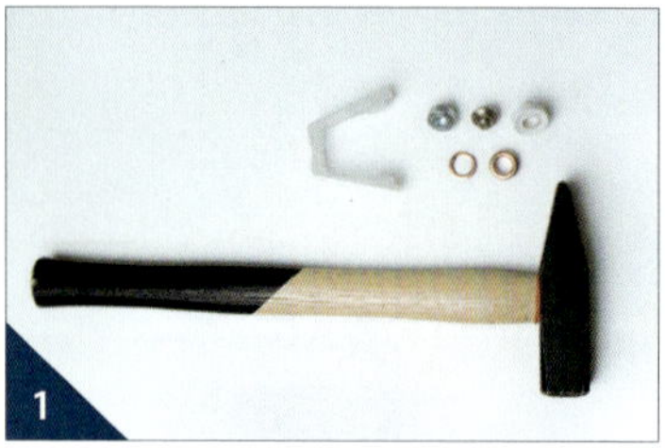

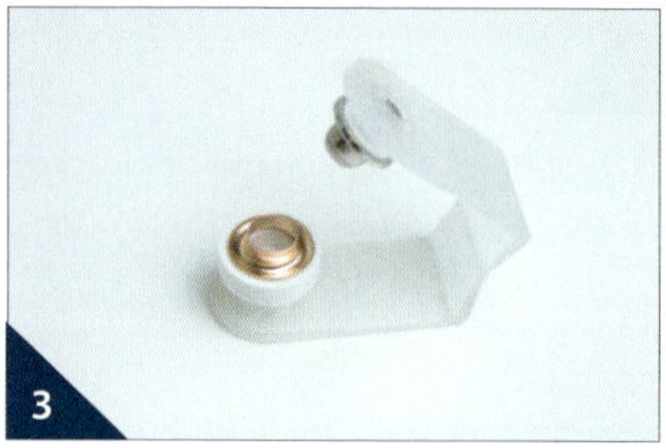

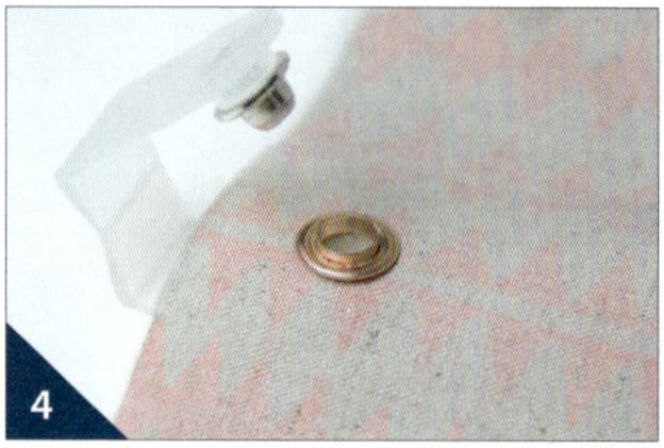

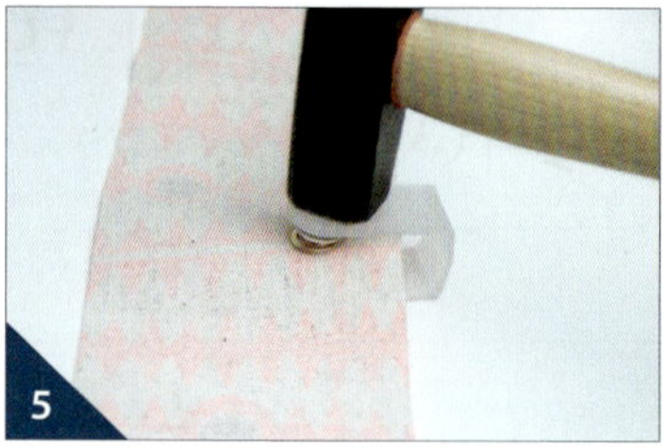

1. Material

Zum Anbringen der Ösen benötigst du das Ösenwerkzeug, das der Verpackung beiliegt, Ösen deiner Wahl und einen Hammer. Oft ist es hilfreich, den Stoff vor dem Anbringen der Ösen auf der linken Stoffseite mit Vlieseinlage zu verstärken.

2. Loch stanzen

Bringe das Stanzwerkzeug an den Werkzeughalter an. Markiere den Stoff an der Stelle, wo die Öse angebracht werden soll. Stanze mit dem Werkzeug an der markierten Stelle ein Loch. Halte dafür das Werkzeug gut fest und schlage kräftig 2- bis 3-mal mit dem Hammer auf die vordere Werkzeugseite.

3. Niete vorbereiten

Setze nun anstelle des Stanzwerkzeugs die Ösenaufnahme aus Kunststoff ein und lege auf diese die Öse mit dem Niethals nach oben.

4. Niete positionieren

Lege die gestanzte Stofflage darüber. Der Niethals wird dabei durch das Loch gesteckt und darauf wird das Plättchen mit der erhabenen Wölbung nach oben gelegt.

5. Niete anbringen

Halte das Werkzeug gut fest und schlage kräftig 2- bis 3-mal mit dem Hammer auf die vordere Werkzeugseite.

6. Fertigstellen

Nun ist die Öse fertig angebracht und du kannst Kordeln, Haken oder Karabiner einsetzen.

KAM SNAPS ANBRINGEN

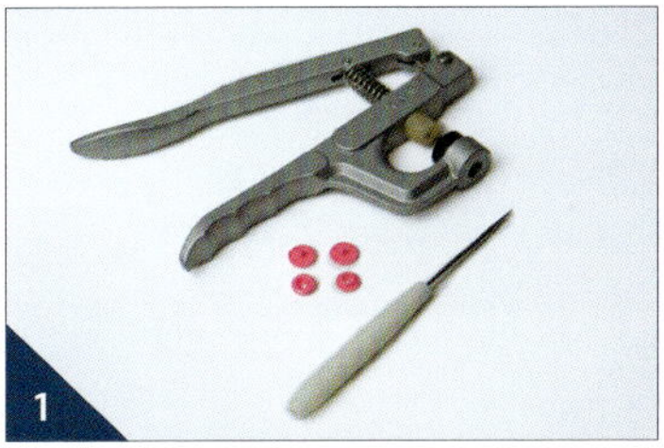

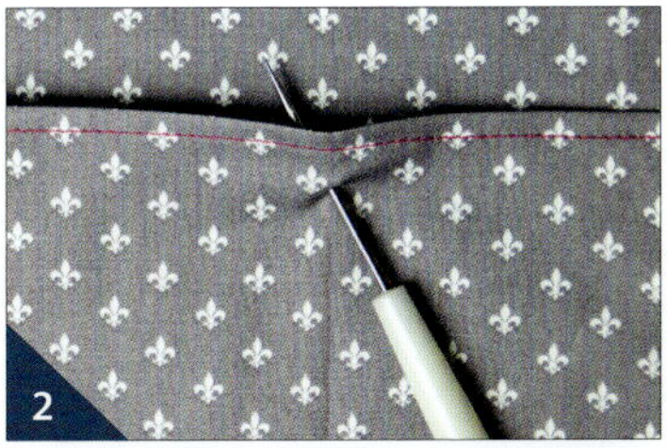

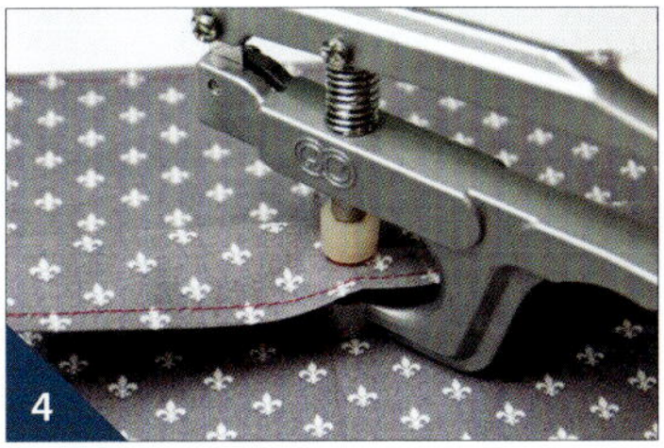

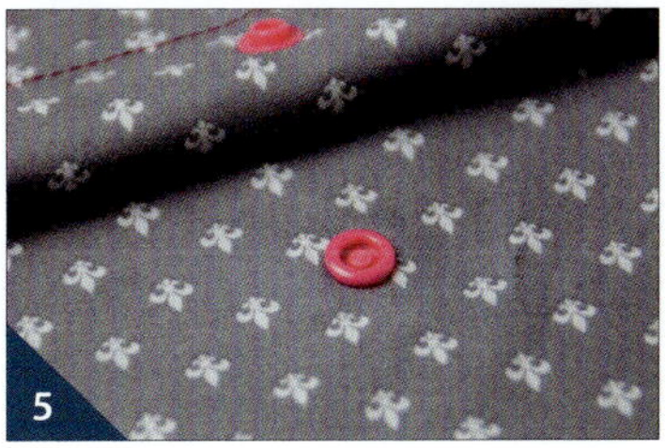

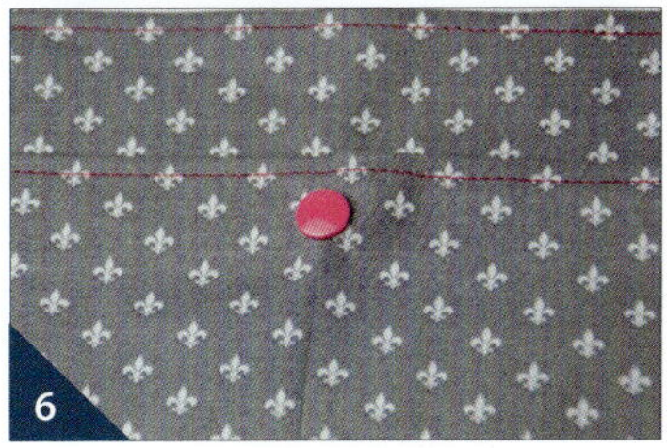

1. Material

Um Kam Snaps ordentlich anzubringen, benötigst du neben den Kam Snaps – bestehend aus zwei Caps (runder Kopf, spitzer Stiel), einem Stud (geriffelte Rückseite, Ausstülpung auf der Vorderseite) und einem Socket (Vertiefung, Gegenstück des Studs) – eine Kam-Snap-Zange und eine Ahle.

2. Position festlegen

Markiere die Position für den Kam Snap und durchstich mit der Ahle alle Stofflagen. In diesem Beispiel wird jeweils ein Loch in das Innenfach und die Innentasche gestochen.

3. Cap positionieren

Stecke nun den Cap von der Vorderseite der Innentasche durch das Loch. Auf den spitzen Stiel, der im Inneren des Steckfachs liegt, steckst du den Stud mit der geriffelten Seite nach unten.

4. Cap anbringen

Lege nun den Kam Snap in die Zange ein: Der Cap liegt auf der gewölbten Fläche auf, der flexible Gummiteil liegt über dem Stud. Der Cap muss genau in der schwarzen Wölbung liegen. Drücke nun die Zange mit mittlerem Druck zusammen. Entfernst du die Zange, siehst du, dass die Spitze des Caps breit gedrückt wurde.

5. Socket anbringen

Bringe nun das Gegenstück, den Socket, an die Innentasche an. Dafür steckst du den Cap von der linken zur rechten Stoffseite durch das Loch und platzierst den Socket mit der Vertiefung nach oben auf dem Stiel. Lege nun die beiden Teile wie zuvor in die Zange und drücke diese zusammen.

6. Fertigstellen

Nun ist der Druckknopf fertig angebracht und du kannst ihn schließen.

TRAGERIEMEN NÄHEN

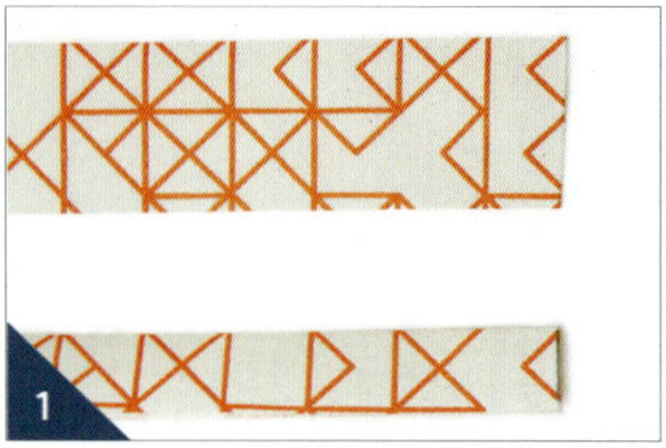

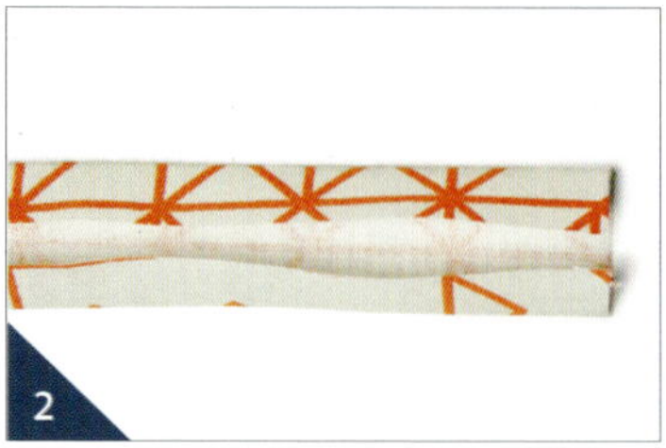

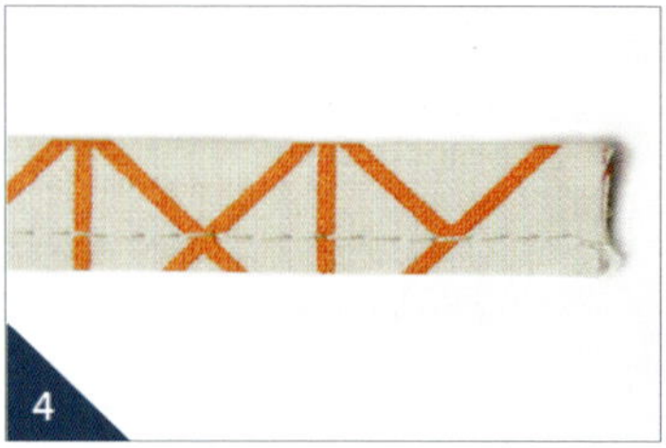

TIPP

Fertige Träger zum Annähen gibt es auch im Handel in vielfältigen Ausführungen zu kaufen, wenn es einmal schnell gehen soll. Nichts toppt allerdings Träger aus dem gleichen Stoff des Projekts.

1. Zuschneiden

Schneide den Streifen des Trageriemens in benötigter Länge und vierfacher Breite zu. Wenn dein Trageriemen am Ende 2,5 cm breit sein soll, dann schneide den Streifen in einer Breite von 10 cm zu. Falte ihn links auf links zusammen und bügle die Kante.

2. Stoff halbieren

Falte den Streifen auseinander und schlage beide Seiten wieder auf die Mitte ein und bügle diese.

3. Fertige Breite

Nun wird der Streifen noch einmal halbiert und gebügelt.

4. Nähte absteppen

Steppe den Streifen an der offenen Kante knappkantig ab, und wenn du magst, auch an der Bruchkante. Damit ist der Gurt bereit zur weiteren Verarbeitung.

5. Träger aus Kunstleder

Ebenso kannst du einen Riemen aus Kunstleder nähen. Dafür schneidest du das Kunstleder in der doppelten Breite des später gewünschten Riemens zu und legst ihn links auf links zusammen. Nähe die lange Seite an den offenen Kanten und der Bruchkante knappkantig zusammen.

LAMIFIX

1. Lamifix zuschneiden

Schneide zunächst das Lamifix auf die ungefähre Größe deines Stoffs zu. Der Stoff wird laminiert, bevor du ihn für dein Nähprojekt zuschneidest. Das Lamifix wird nun mit der glänzenden Seite nach oben auf die rechte Seite des Stoffs gelegt.

2. Lamifix vorbügeln

Heize dein Bügeleisen auf Stufe 1 (Wolle/Seide) vor und bügle nun das Lamifix leicht an, ohne ein Tuch dazwischenzulegen. So wird die Folie zunächst grob fixiert. Wenn du das Lamifix nur partiell aufbringen möchtest, schneide die gewünschte Laminierung vorsichtig aus. Das geht am besten mit einem Cutter. Die Folienteile, die nicht permanent fixiert werden sollen, ziehst du nun wieder ab.

3. Lamifix aufbügeln

Nun heizt du das Bügeleisen auf knapp unter Stufe 3 auf. Lege ein Tuch auf das Lamifix und presse das Bügeleisen ca. 8 Sekunden Schritt für Schritt gut auf. Bei größeren Stoffstücken kannst du danach auch noch einmal in kreisförmigen Bewegungen über den laminierten Stoff (mit Tuch oder Backpapier dazwischen) bügeln.

Nun lässt du den laminierten Stoff für ca. 10 Stunden ruhen, damit sich der Kleber der Folie gut mit dem Stoff verbindet. Danach kannst du den Stoff wie gewünscht zuschneiden und weiterverarbeiten.

Der laminierte Stoff ist nun abwischbar, in die Waschmaschine sollte er aber nicht!

TASCHE MIT KLAPPE

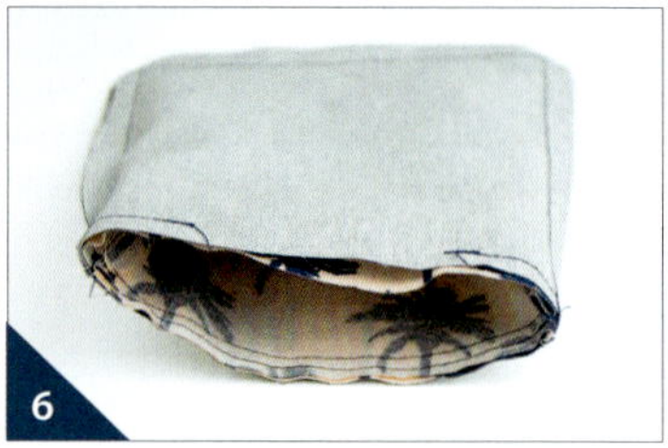

TIPP

Verstärke die Stellen an den Schnittteilen der Vorderseite der Außentasche und der Taschenklappe, an denen später der Druckknopf angebracht wird, mit Vlieseline!

1. + 2. Seitennähte schließen und Paspel anbringen

Innen- und Außentasche rechts auf rechts legen. Die Unterkante liegt im Bruch. Beide Seiten steppen. Nahtzugaben an den unteren Ecken abschrägen. Die Tasche wenden und die Ecken ausformen. Wenn du magst, verziere die Taschenklappe aus Oberstoff mit einer Paspel oder einer falschen Paspel. Dafür legst du einen 3 cm breiten Streifen in Klappenlänge gefaltet auf diese. Die offenen Kanten liegen unten. Knappkantig annähen.

3. Futter an Klappe nähen

Nähe das Klappenteil aus Futterstoff rechts auf rechts auf das andere Teil. Die obere Kante bleibt ungenäht.

4. Klappe fertigstellen

Ecken der Nahtzugaben abschrägen, Klappe wenden, Ecken ausformen und Nähte knappkantig absteppen.

5. Klappe an Außentasche nähen

Fixiere die Klappe rechts auf rechts an der oberen Kante der Außentasche und nähe sie knappkantig fest.

6. Innen- und Außentaschen verbinden

Die Außentasche rechts auf rechts in die Innentasche stecken. Die Taschenklappe liegt innen. Die obere Kante bis auf eine Wendeöffnung vorn zusammennähen.

7. Tasche wenden

Taschewenden, Nahtzugabe der Wendeöffnung nach innen klappen und die obere Kante absteppen. Damit verschließt du auch automatisch die Wendeöffnung.

8. Druckknopf anbringen

Bringe nun noch an der Taschenklappe und an der Taschenvorderseite einen Druckknopf als Verschluss an.

STOFFE VERSÄUBERN

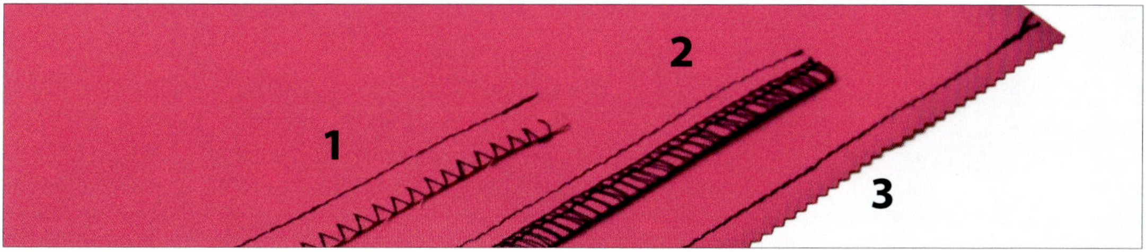

1. Zickzackstich
Stoffe können auf unterschiedliche Arten versäubert werden. Die gängigste Variante ist der Zickzackstich. Dabei wird die zu versäubernde Stoffkante so unter die Nadel gelegt, dass sie bei einem Stich in den Stoff und bei dem anderen Stich ins Leere sticht. So wird ein Ausfransen des Stoffs verhindert.

2. Overlockstich
Wenn du eine Overlocknähmaschine besitzt, kannst du deine Zuschnitte auch damit versäubern. Stelle hier den Differenzialtransport auf 1.

3. Zackenschere
Die dritte Möglichkeit, Stoffe zu versäubern, ist, die Nahtzugaben mit einer Zackenschere zurückzuschneiden.

KORDELSTOPPER NÄHEN

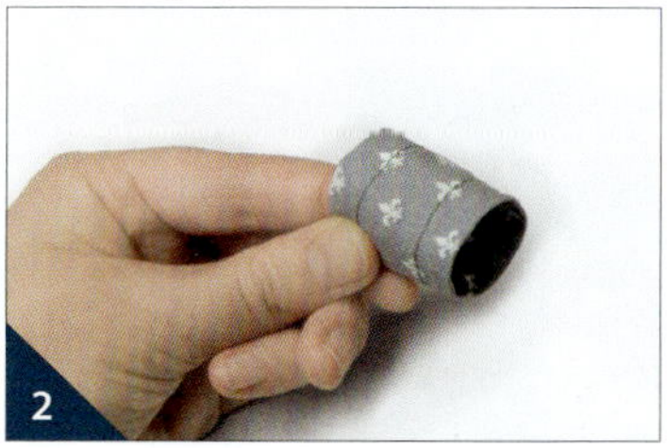

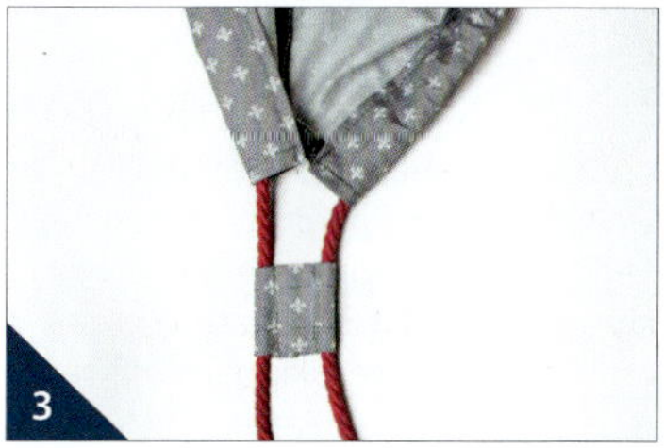

1. Nähte schließen
Für einen Kordelstopper benötigst du ein Rechteck mit den Maßen 10 x 6 cm. Falte die Nahtzugaben der langen Seiten jeweils 1 cm nach innen, bügle sie und steppe sie knappkantig ab. Falte das Rechteck nun rechts auf rechts zusammen und nähe es an der offenen Kante mit 1 cm Nahtzugabe zusammen.

2. Kordelstopper wenden
Schneide nun die Nahtzugaben auf etwa 3 mm vor der Naht zurück, bügle die restliche Nahtzugabe auseinander und wende den Kordelstopper.

3. Fertigstellen
Ziehe den Kordelstopper auf die beiden Kordelenden auf und nähe, je nach Kordelstärke, zwei Nähte knapp neben den Kordelenden oder eine Naht mittig. Am besten geht das mit dem Reißverschlussfüßchen.

PROJEKTE

ANHÄNGER FÜR KOPFHÖRER

Maße
8 × 7 cm

SCHWIERIGKEITSGRAD ★☆☆

♥ MATERIAL

- Oberstoff: 25 × 15 cm
- Futterstoff: 25 × 15 cm
- Kunstleder: 15 × 15 cm
- 1 Karabiner mit 12 mm großem D-Ring
- 1 Kam Snap

♥ ZUSCHNITT

Nahtzugaben sind in den Schnittteilen bereits enthalten.

- **Aus Oberstoff**
  2 × Tasche
- **Aus Futterstoff**
  2 × Tasche; 1 × Klappe
- **Aus Kunstleder**
  1 × Klappe; 1 × Karabinerschlaufe: 1,2 × 6 cm

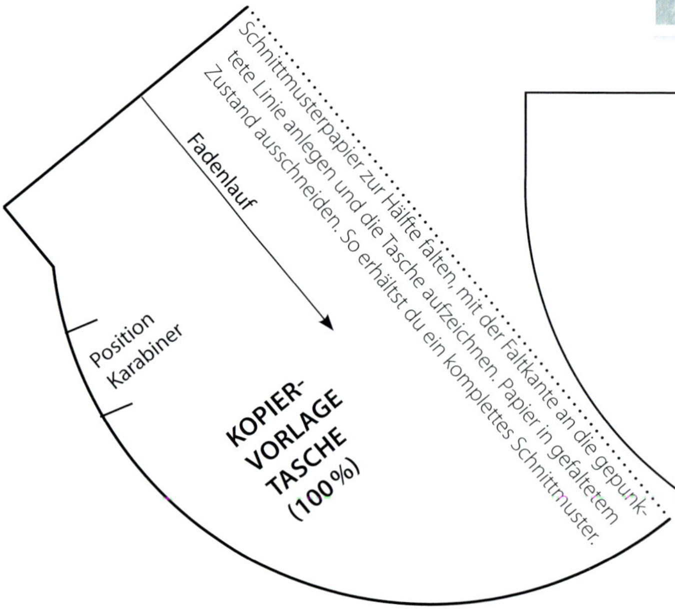

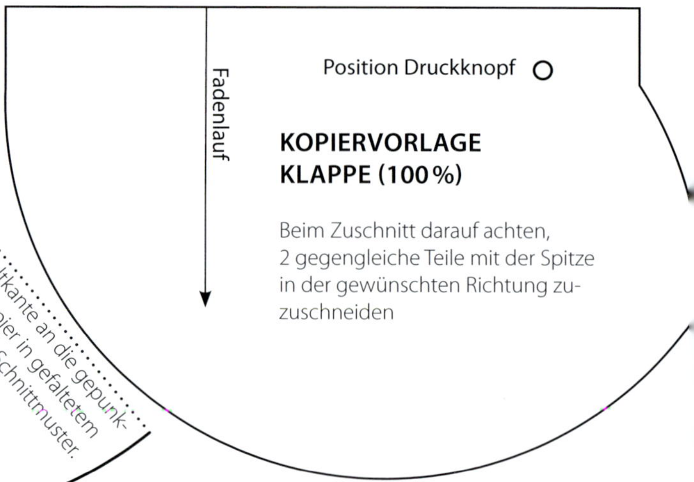

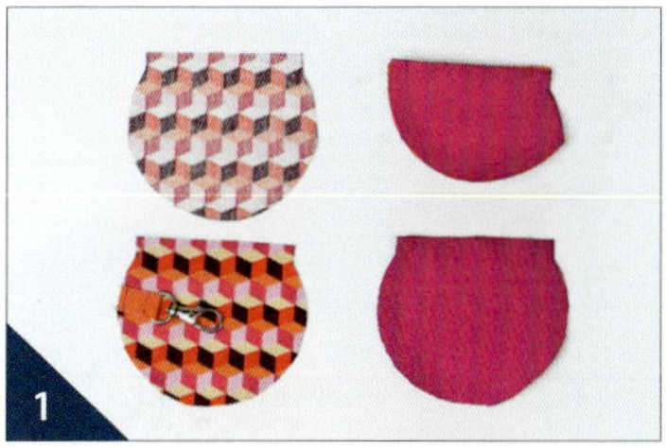

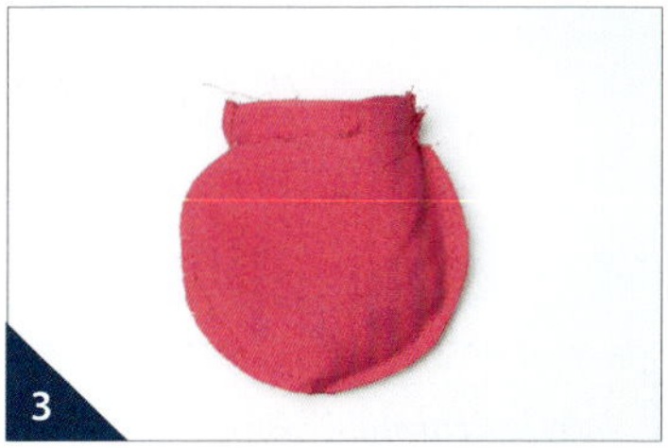

♥ LOS GEHT'S

1. Klappe nähen, Außen- und Innentasche

Lege die Schnittteile für die Tasche aus Futterstoff sowie die Klappe jeweils rechts auf rechts zusammen und nähe sie zusammen. An der Futtertasche an der unteren Rundung eine etwa 5 cm große Wendeöffnung lassen. Die obere, gerade Kante bleibt ebenfalls an beiden Teilen offen. Ziehe den Kunstlederstreifen durch den Karabiner und sichere ihn mit einer Naht parallel zum D-Ring des Karabiners. Verwende dafür den Reißverschlussfuß, damit kommst du besonders nah an den Ring heran. Nähe den Karabiner an einem Außentaschenteil knappkantig an der im Schnittteil eingezeichneten Position fest, lege das zweite Außentaschenteil rechts auf rechts darauf und nähe es bis auf die obere Kante zusammen. Die Nahtzugaben auf 3 mm zurückschneiden, an der Wendeöffnung die Nahtzugabe stehen lassen und nur mehrmals 0,5 cm weit einschneiden. Wende Außentasche und Klappe und forme die Rundungen aus.

2. Klappe annähen

Fixiere die Klappe rechts auf rechts an der Oberkante der Außentaschen-Rückseite und nähe sie knappkantig fest.

3. Außen- und Innentasche zusammennähen

Stecke die Außentasche rechts auf rechts in die Futtertasche. Achte darauf, dass die Klappe ebenfalls im Inneren liegt. Nähe die obere Kante ringsum zusammen. Schneide die Nahtzugaben an den Seitenkanten mehrmals in kurzen Abständen bis dicht an die Naht ein. Wende das Täschchen nun durch die Wendeöffnung. Schlage die Nahtzugaben an der Wendeöffnung nach links ein und nähe die Kanten knappkantig aufeinander. Stecke die Futtertasche in die Außentasche und bügle die Kanten, allerdings ohne direkt über das Kunstleder zu bügeln!

4. Kam Snap anbringen

Bringe nun noch an der im Schnittteil der Klappe eingezeichneten Position das Oberteil eines Kam Snaps an. Montiere anschließend das Gegenstück passend auf der Taschenvorderseite.

TIPP

Du kannst die Schlüsselanhängertasche auch für Hunde-Leckerlis verwenden. So hast du bei der nächsten Gassirunde alles parat!

HAI-WÄSCHESACK

Maße
45 x 70 cm

SCHWIERIGKEITSGRAD ★☆☆

MATERIAL

Der Stoffverbrauch bezieht sich auf eine Stoffbreite von 110 cm.

- Oberstoff: 1 m Möbelstoff in Dunkelgrau
- Kontraststoff: 35 x 50 cm Möbelstoff in Hellgrau
- Filz (2 mm stark): 32 x 22 cm
- Vliesofix: 35 x 50 cm
- 3 Saugnäpfe mit Haken
- passendes Nähgarn

ZUSCHNITT

Schneide die Stoffe gemäß den angegebenen Maßen oder den Schnittmustern auf dem jeweils angegebenen Schnittmusterbogen (SB) zu. Alle Schnittangaben enthalten bereits 1 cm Nahtzugabe. Evtl. Markierungen übertragen.

- Aus Oberstoff
  2 x Körper (bei einem Schnittteil den Mund ausschneiden) (SB 1)
  4 x Flossen (SB 1)
  3 x Schlaufen: 15 x 4 cm
- Aus Kontraststoff
  1 x Bauch (SB 1)
- Aus Filz
  1 x obere Zahnreihe (SB 1)
  1 x untere Zahnreihe (SB 1)
- Aus Vliesofix
  1 x Bauch (SB 1)

TIPP

Beim Bügeln von Möbelstoff ein Tuch darauflegen, um Glanzstellen oder ein Anschmelzen zu vermeiden.

♥ LOS GEHT'S

1. **Körper und Bauch vorbereiten**

Versäubere die Schnittteile des Körpers inklusive des Mauls. Bügle das Vliesofix auf die linke Stoffseite des Schnittteils des Bauchs und bügle es links auf rechts auf die Vorderseite des Körpers mit der Maulöffnung auf. Die linke und rechte Kante des Bauchs werden mit einem engen Zickzackstich umnäht.

2. **Zähne und Flossen anbringen**

Bügle die Nahtzugaben des Mauls 1 cm nach innen um. Fixiere nun von der linken Seite aus die untere Zahnreihe an die untere Kante des Mauls. Die Zacken zeigen nach oben und die gerade Kante schließt bündig mit der umgebügelten Nahtzugabe ab. Steppe die Zahnreihe von der rechten Seite aus knappkantig auf dem Körper fest. Nähe die obere Zahnreihe genauso an. Achte darauf, dass der obere Zahn mittig in der Maulöffnung sitzt.

Nähe je zwei Flossen rechts auf rechts zusammen, schneide die Nahtzugaben bis kurz vor die Wendeöffnung ein, schräge die Ecken ab und wende die Flossen. Ecken und Rundungen ausformen, bügeln und die offene Kante versäubern. Nähe drei Schlaufen, wie auf Seite 46, Step 4, beschrieben. Fixiere nun die Flossen links und rechts am Körper, wie im Schnittteil angegeben, und die Schlaufen jeweils in einer Ecke. Alle Teile knappkantig annähen.

3. **Fertigstellen**

Fixiere das zweite Schnittteil für den Körper rechts auf rechts auf dem Vorderteil und nähe es ringsum zusammen. Wende den Wäschesack durch das Maul, forme die Ecken aus und bügle die Kanten.

Der Wäschesack kann nun mit den Saugnäpfen z. B. an einer Tür aufgehängt werden.

KULTURTASCHE

Maße
23 x 18 cm

SCHWIERIGKEITSGRAD ★★☆

MATERIAL

- Oberstoff: 77 x 42 cm Baumwollstoff in Pink/Rot mit Sternen
- Futterstoff: 25 x 39 cm Frotteestoff in Rosa
- Volumenvlies, aufbügelbar (z. B. Vlieseline H 630): 63 x 19 cm
- 2 x Klettband zum Aufnähen (2 cm breit): 8,5 cm
- 6 Kam Snaps in Rosa
- 2 x Gummiband in Lila (1 cm Breite), je 15 cm
- Fransenstopp (Fray Check)
- farblich passendes Nähgarn

ZUSCHNITT

Schneide die Stoffe gemäß den angegebenen Maßen oder den Schnittmustern auf dem jeweils angegebenen Schnittmusterbogen (SB) zu. Alle Schnittangaben enthalten bereits 1 cm Nahtzugabe. Fadenlauf und Musterrichtung beachten. Evtl. Markierungen übertragen.

- **Aus Oberstoff**
  1 x Tasche (SB 1)
  2 x Henkel: 24 x 10 cm
  2 x Innentasche: 25 x 15 cm
  4 x Klappe (SB 1)
  4 x Spängchenhalter: 13,5 x 7 cm
- **Aus Futterstoff**
  1 x Tasche (SB 1)
- **Aus Volumenvlies**
  2 x Henkel: 24 x 5 cm
  2 x Klappe (SB 1)
  1 x Innentasche: 25 x 15 cm
  4 x Spängchenhalter: 12,5 x 3,5 cm

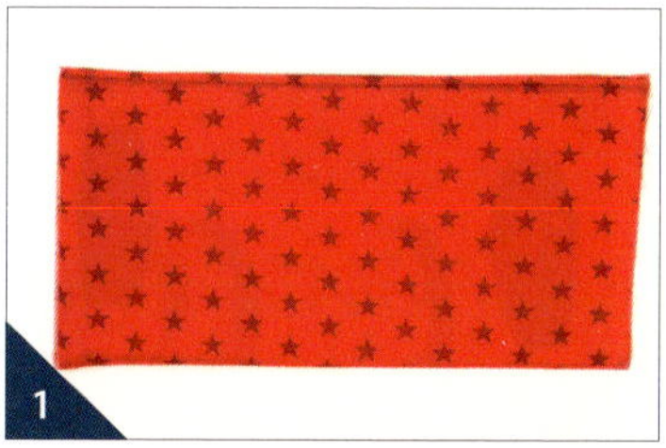

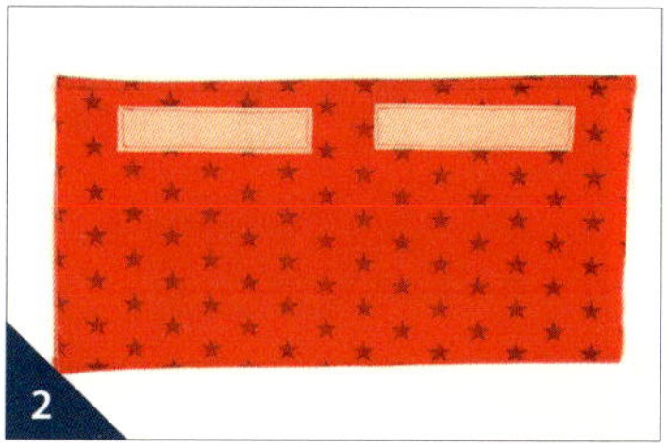

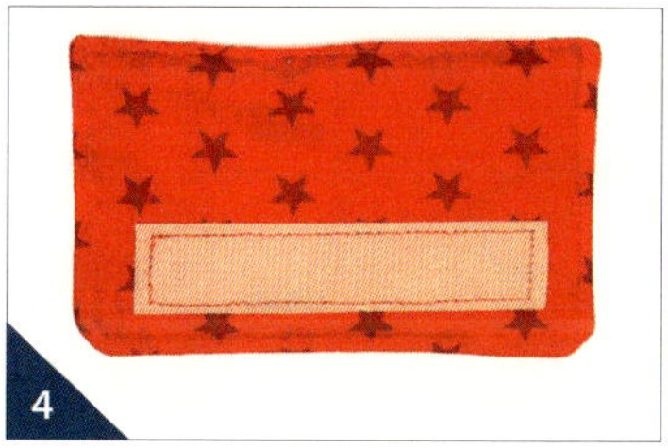

♥ LOS GEHT'S

1. Vlies aufbügeln

Zunächst werden die Klappen und die Innentasche vorbereitet: Bügle auf eine Innentasche und auf zwei der Klappen, die du aus dem Oberstoff geschnitten hast, das jeweils passend zugeschnittene Vlies auf die linke Stoffseite auf.

2. Innentasche nähen

Lege die beiden Oberstoffteile für die Innentasche rechts auf rechts aufeinander, stecke und nähe die langen Seiten zusammen. Bügle die Nahtzugaben der Nähte auseinander. Wenden und nochmals glatt bügeln. Steppe den oberen Rand knappkantig ab. Nähe anschließend die flauschige Seite des Klettbands 1 cm vom oberen Rand und 2,5 cm von den Seiten entfernt auf.

3. Klappen nähen

Je eine Klappe mit und ohne aufgebügelte Vlieseinlage rechts auf rechts aufeinanderlegen, feststecken und bis auf die Wendeöffnung rundherum zusammennähen. Schneide die Ecken schräg ab und schneide die Nahtzugaben aller Rundungen vorsichtig v-förmig ein, ohne dabei die Naht zu verletzen. Dann die Klappen wenden.

4. Klettband aufnähen

Arbeite Rundungen und Nähte nach außen und stecke diese fest. Die Nahtzugabe der Wendeöffnung nach innen schieben und feststecken. Knappkantig rundherum absteppen. Lege die Hakenseite des Klettbands 1 cm vom unteren Rand auf das Stoffteil ohne Vliesverstärkung der Klappe und stecke es fest. Nähe es besonders gleichmäßig auf, da die Naht später auf der rechten Seite zu sehen ist.

5. Henkel nähen

Fertige die Henkel entsprechend der Anleitung für die Trageriemen auf Seite 22 an.

6. Spängchenhalter nähen

Für die Spängchenhalter auf die linke Seite des Oberstoffs die Vlieseinlage so auflegen, dass sie im Verhältnis zu den langen Seiten mittig aufliegt und mit einer kurzen Seite bündig abschließt. Dann die kurze Seite, auf der kein Vlies liegt, umklappen und bügeln. Danach die Spängchenhalter entsprechend der Anleitung für die Trageriemen auf Seite 22 anfertigen.

BLÄTTERKÖRBCHEN

SCHWIERIGKEITSGRAD ★☆☆

MATERIAL

- Filz (1 mm stark): 30 x 30 cm
- SnapPap plus: 30 x 30 cm
- Velourslederband (3 mm stark): 1 m
- Sprühkleber für Textilien
- Lochzange
- farblich passendes Nähgarn

ZUSCHNITT

Schneide die Stoffe gemäß den Schnittmustern auf dem jeweils angegebenen Schnittmusterbogen (SB) zu. Du brauchst hier keine Nahtzugaben! Evtl. Markierungen übertragen. Vor dem Zuschnitt Step 1 beachten!

- **Aus Filz**
  1 x Außenseite: (SB 2)
- **Aus SnapPap plus**
  1 x Innenseite: (SB 2)

Maße
18 x 7cm

1

2

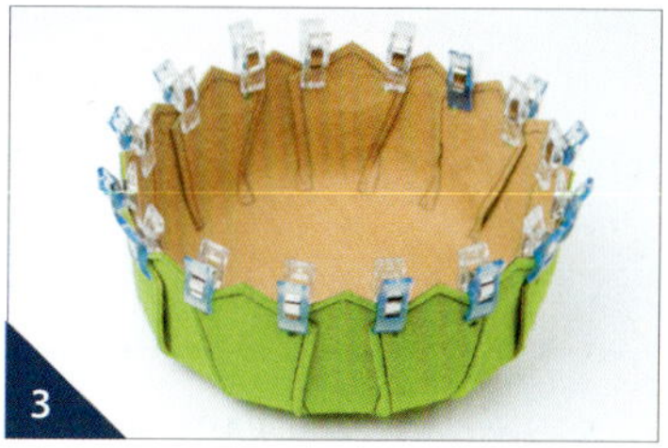
3

4

♥ LOS GEHT'S

1. Zusammenkleben und in Form schneiden

Vor dem Zuschnitt klebst du mit dem Sprühkleber Filz und SnapPap zusammen. Übertrage nun das Schnittmuster auf die SnapPap-Seite, auch die späteren Schnittlinien, und schneide die Außenkontur sowie die Schnittlinien der Blattsegmente aus. Nun jede Schnittkante knappkantig absteppen.

2. Löcher stanzen

Stanze in die Ecken jedes Blattsegments zwei Löcher.

3. Körbchen formen

Klappe nun die Blattsegmente nach oben und stecke sie mit Clips zusammen. Achte darauf, dass im Wechsel ein Blatt vorn und eines hinten liegt.

4. Fertigstellen

Nun fädelst du das Veloursiederband von vorn nach hinten immer im Wechsel durch. Fixiere es mit einer Schleife und entferne die Clips.

POSTSTATION

Maße
30 x 40 cm

SCHWIERIGKEITSGRAD ★☆☆

♥ MATERIAL

Der Stoffverbrauch bezieht sich auf eine Stoffbreite von 110 cm.

- Oberstoff: 50 cm
- Kontraststoff: 35 cm
- Vlieseline H630: 30 x 40 cm
- Vlieseline H200: 25 cm
- 2 Karabiner für 2,5 cm breites Gurtband
- Gummiband: 75 cm
- Webband (3 cm breit): 36 cm
- Bilderrahmen: 30 x 40 cm
- farblich passendes Nähgarn

♥ ZUSCHNITT

Schneide die Stoffe gemäß den angegebenen Maßen zu. Alle Angaben enthalten bereits 1 cm Nahtzugabe. Fadenlauf und Musterrichtung beachten. Evtl. Markierungen übertragen.

- **Aus Oberstoff**
  1 x Hintergrund: 36 x 46 cm
- **Aus Kontraststoff**
  2 x Steckfach: 30 x 23 cm
  2 x Schlaufe für Karabiner: 10 x 10 cm
- **Aus Vlieseline H630**
  1 x Hintergrund: 30 x 40 cm
- **Aus Vlieseline H200**
  2 x Steckfach: 30 x 23 cm

Bereite alle Schnittteile vor und bügle die Vlieseline auf die linke Stoffseite der entsprechenden Schnittteile. Bei dem Hintergrund die Vlieseline mittig aufbringen. Umlaufend bleiben 3 cm frei.

♥ LOS GEHT'S

1. **Steckfächer vorbereiten und aufnähen**
Lege die Schnittteile der Steckfächer jeweils rechts auf rechts und nähe sie zusammen. Die Nahtzugaben auseinanderbügeln, wenden. Lege die Naht mittig auf die Rückseite und bügle die Kanten. Die obere Kante knappkantig absteppen. Nun werden die Steckfächer 3 cm bzw. 4 cm von der unteren Kante auf dem Hintergrund fixiert und jeweils die untere Kante knappkantig angenäht. Nähe nun mittig bei 15 cm noch eine Teilungsnaht über beide Steckfächer und fixiere diese knappkantig links und rechts mit einer Hilfsnaht am Hintergrund.

2. **Karabiner und Gummibänder annähen**
Bereite die Schlaufen für die Karabiner vor, wie auf Seite 46, Step 4, beschrieben. Ziehe sie jeweils durch den Ring eines Karabiners und nähe sie knapp neben dem Karabinerring zusammen. Stecke die Karabiner 6 cm von der oberen und 7 cm bzw. 19 cm von der rechten Kante auf den Hintergrund. Knappkantig festnähen. Lege das Webband darüber und nähe es an der oberen und unteren Kante fest. Schneide zwei 36 cm lange Stücke Gummiband zurecht und fixiere sie mit etwas Zug 18 cm bzw. 24 cm von der oberen Kante auf dem Hintergrund. Mit 1 cm Nahtzugabe festnähen. Mehrfach vor und zurück nähen.

3. **Poststation am Bilderrahmen befestigen**
Bügle die Kanten der Poststation 1 cm auf die linke Stoffseite. Lege die Poststation auf die Rückwand des Bilderrahmens. Die untere Kante der Steckfächer schließt bündig mit der unteren Kante der Rückwand ab. Schlage den überstehenden Stoff auf die Rückseite um und falte die Ecken im 45-Grad-Winkel nach innen. Bügeln. Klappe die Ecken noch einmal auf die Rückwand und fixiere sie mit Heißkleber.

4. **Fertigstellen**
Schlage nun die Kanten auf die Rückwand und fixiere sie zunächst mit Clips. Die Poststation sollte schön straff auf die Rückwand gespannt werden. Fixiere dann alle Kanten noch einmal mit Heißkleber. Die Poststation in den Rahmen einsetzen und aufhängen.

UTENSILO

SCHWIERIGKEITSGRAD ★ ☆ ☆

MATERIAL

- Oberstoff: 30 cm Jersey
- Futterstoff: 30 cm Jersey
- Volumenvlies: 30 cm
- farblich passendes Nähgarn

ZUSCHNITT

Schneide die Stoffe gemäß den Schnittmustern auf dem jeweils angegebenen Schnittmusterbogen (SB) zu. Fadenlauf und Musterrichtung beachten. Evtl. Markierungen übertragen. Beide Schnittteile benötigen rundherum (außer an der oberen Kante des Seitenteils) eine Nahtzugabe von 1 cm.

- Aus Oberstoff
  1 x Boden (SB 2)
  1 x Seitenteil (SB 2)
- Aus Futterstoff
  1 x Boden (SB 2)
  1 x Seitenteil (SB 2)
- Aus Volumenvlies
  1 x Boden (SB 2)
  1 x Seitenteil (SB 2)

Maße
18 x 22 cm

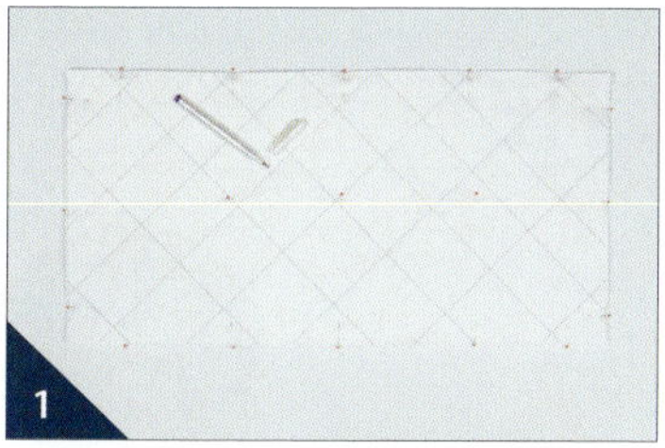

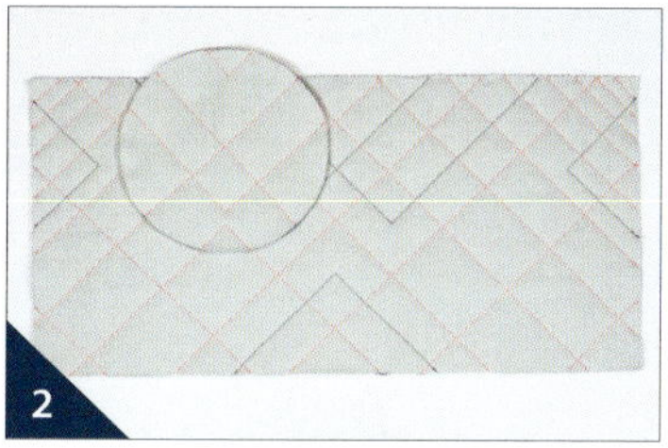

♥ LOS GEHT'S

1. Quiltmuster einzeichnen

Du benötigst ein rechteckiges Seitenteil und einen runden Boden für das Utensilo. Du legst Oberstoff, Futterstoff und Volumenvlies nun passgenau aufeinander. Dann zeichnest du dein Muster mit einem Trickmarker vor. Hier ist alles möglich: Streifen, Karos, Rauten usw.

2. Stoff quilten

Nun nähst du die Lagen entlang der Linien mit einem größeren Geradstich zusammen. Erst alle Linien in der einen Richtung und dann alle in der anderen. Du kannst auch mit einer Kontrastfarbe dazwischen nähen, das bringt Spannung.

3. Seitennaht schließen

Die späteren Außenseiten legst du nun rechts auf rechts aufeinander und schließt die kürzere Seite mit 1 cm Nahtzugabe. Bügle die Nahtzugabe auseinander. Wenn du keine offenen Kanten möchtest oder die Watte ausfranst, solltest du alle Teile vorher mit der Overlock oder mit dem Zickzackstich deiner Nähmaschine einmal rundherum versäubern.

4. Boden einnähen

Nun wird der Boden eingenäht. Wenn du ein symmetrisches Muster hast, dann markiere dir jeweils die Viertel am Boden und an der unteren Seite mit Stecknadeln und bringe die Teile aufeinander. Die restliche Weite verteilst du dazwischen, bevor du alles zusammennähst. Damit du mehr Kontrolle beim Nähen hast, sollte der runde Boden als obere Lage unter dem Nähfüßchen liegen. Beim Nähen solltest du immer wieder anhalten, die Nadel im Stoff stecken lassen, das Füßchen heben und deine runde und gerade Kante passgenau übereinanderbringen.

5. Fertigstellen

Nun wird die obere Kante erst um 1,5 cm und dann noch mal um 4 cm nach innen gebügelt. Mit Stecknadeln den Umschlag auf der Außenseite bei 3,5 cm Abstand zur oberen Kante fixieren und festnähen. Dabei sollte das Utensilo auf links gedreht sein. Du nähst von dieser Seite. Das klappt auf einem flachen Nähtisch besser. Falls du eine Freiarmmaschine hast, kannst du das Utensilo komplett von rechts nähen.

ZAHNBÜRSTENTASCHE

Maße
7 x 21 cm

SCHWIERIGKEITSGRAD ★★☆

MATERIAL

- Oberstoff: 20 x 24 cm
  Baumwollstoff in Pink mit Sternen
- Futterstoff: 16 x 24 cm
  Frotteestoff in Rosa
- Webband in Rot/Rosa mit Kreisen und Punkten: 27 cm
- Reißverschluss in Pink: 12 cm
- farblich passendes Nähgarn

ZUSCHNITT

Schneide die Stoffe gemäß den angegebenen Maßen zu. Alle Schnittangaben enthalten bereits 1 cm Nahtzugabe. Fadenlauf und Musterrichtung beachten. Evtl. Markierungen übertragen.

- **Aus Oberstoff**
  1 x Tasche: 16 x 19 cm
  1 x Deckel: 16 x 5 cm
  2 x Abdeckung: 4 x 3 cm
- **Aus Futterstoff**
  1 x Tasche: 16 x 19 cm
  1 x Deckel: 16 x 5 cm

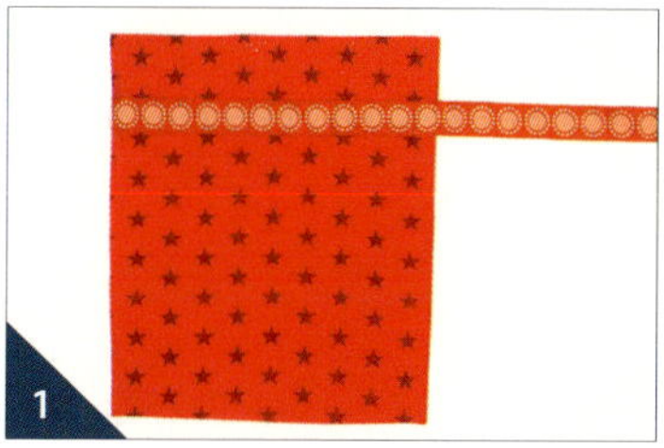

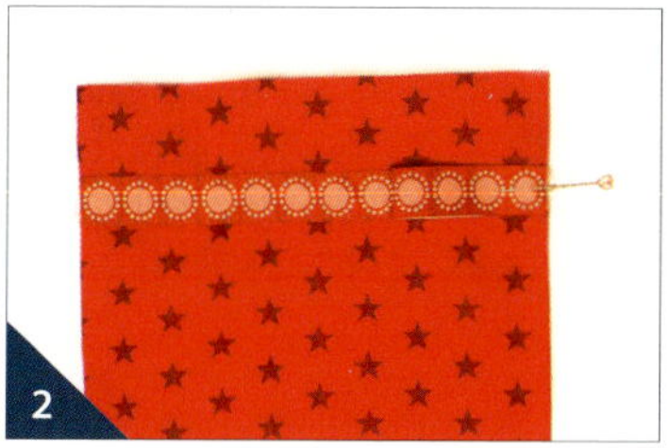

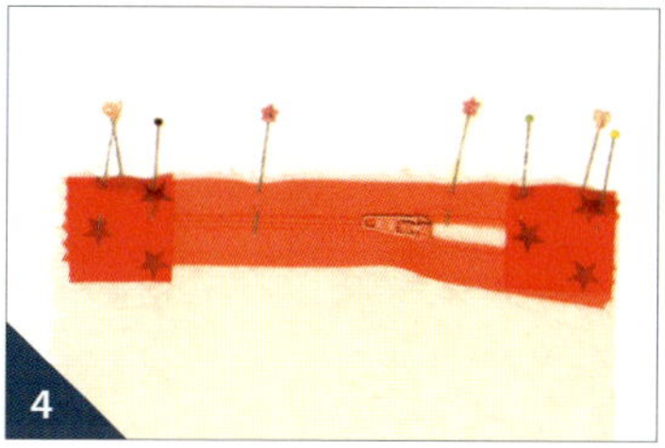

♥ LOS GEHT'S

1. Webband annähen

Zuerst das Webband 3 cm vom oberen Rand auf die rechte Stoffseite der Oberstofftasche feststecken. Achte darauf, dass das Webband mit dem Stoff an der linken Seite bündig ist und auf der rechten Seite übersteht. Das Band knappkantig mit rotem Garn auf den Oberstoff steppen.

2. Schlaufe anbringen

Lege nun das überstehende Webband als Schlaufe nach links über den festgenähten Teil und wieder so zurück, dass das Ende des Webbands nun mit der rechten Seite des Stoffs bündig liegt. Stecke es fest.

3. Reißverschlussabdeckung nähen

Für die Abdeckungen, die dem Verdecken der Reißverschluss-Enden dienen, schlage bei beiden Teilen jeweils eine der kurzen Seiten um 1 cm auf die linke Stoffseite um und bügle sie um.

4. Reißverschluss einnähen

Stecke den Reißverschluss mit der linken Seite nach unten auf die rechte Seite der oberen Tasche aus Frotteestoff. Nun die beiden Abdeckungen an den jeweils linken und rechten Rand des Reißverschlusses mit der gebügelten Kante zur Mitte zeigend feststecken. Den Oberstoff rechts auf rechts darauflegen und feststecken. Lege den Reißverschlussfuß ein und nähe die Lagen mit weniger als 1 cm Nahtzugabe zusammen.

5. Oberstoff wenden

Dann den Oberstoff so wenden, dass Ober- und Futterstoff links auf links liegen, bügeln und entlang des Reißverschlusses knappkantig mit pinkem Garn absteppen.

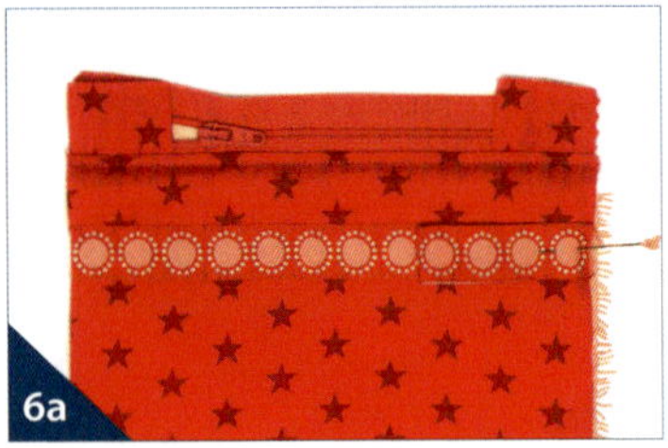

6a

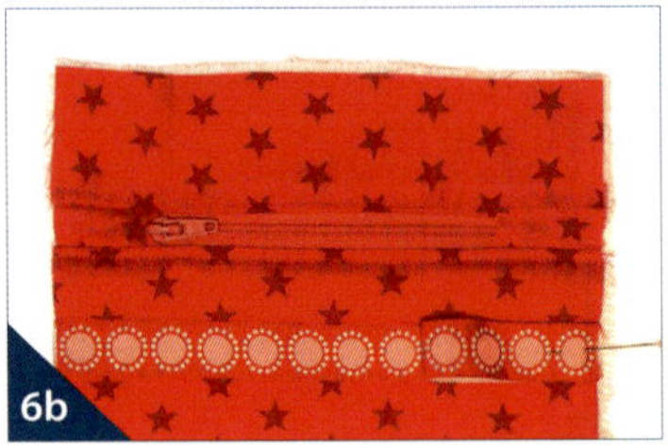

6b

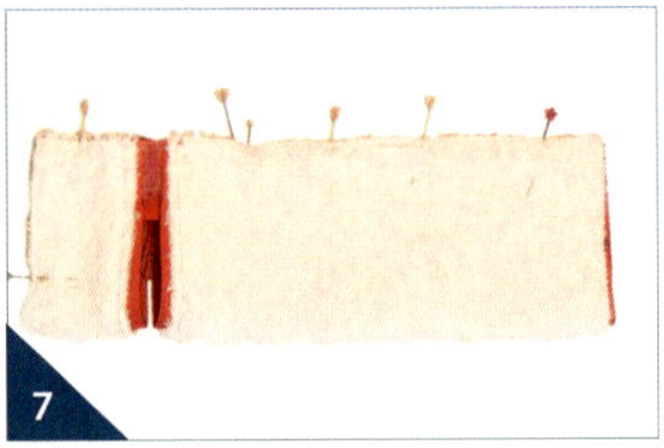

7

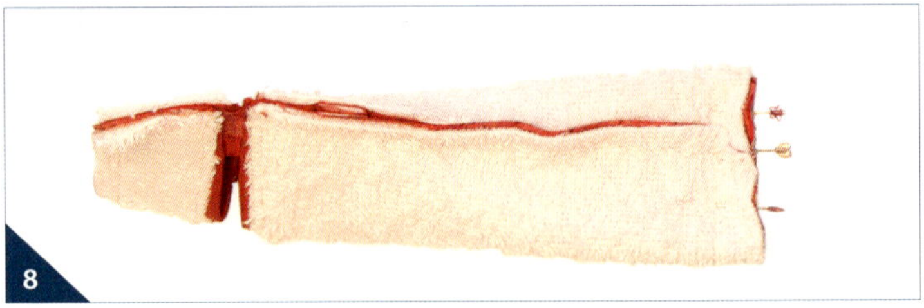

8

6. Reißverschluss einnähen

Den Reißverschluss nun mit der rechten Seite nach oben bündig auf die rechte Seite des Deckels aus Frotteestoff legen und feststecken. Lege den Oberstoff rechts auf rechts darauf. Feststecken und mit etwas weniger als 1 cm Nahtzugabe zusammennähen. Wenden, bügeln und knappkantig entlang des Reißverschlusses absteppen. Schneide zum Schluss die Nahtzugabe so weit wie möglich zurück. Setze wieder den Nähfuß in deine Nähmaschine ein.

7. Seitennähte schließen

Den Reißverschluss ganz öffnen (das ist später wichtig zum Wenden). Falte die Tasche längsseitig rechts auf rechts und nähe die kurze Seite oben und die lange Seite zusammen (achte darauf, dass das Webband genau aufeinander liegt).

8. Fertigstellen

Für die Bodennaht den Stoff so falten, dass die Seitennaht genau mittig liegt. Zusammennähen. Die gesamte Nahtzugabe – die Ecken am besten schräg – so weit wie möglich zurückschneiden. Wende die Tasche durch den Reißverschluss.

STIFTEMÄPPCHEN

Maße
18 x 7 cm

SCHWIERIGKEITSGRAD ★☆☆

♥ MATERIAL

- Oberstoff: 23 x 31 cm Baumwollstoff in Weiß mit bunten Buchstaben
- Futterstoff: 23 x 37 cm Baumwollstoff in Türkis
- Volumenvlies, aufbügelbar (z. B. Vlieseline H 630): 23 x 31 cm
- Reißverschluss in Türkis: 22 cm
- farblich passendes Nähgarn

♥ ZUSCHNITT

Schneide die Stoffe gemäß den angegebenen Maßen oder den Schnittmustern auf dem jeweils angegebenen Schnittmusterbogen (SB) zu. Alle Schnittangaben enthalten bereits 1 cm Nahtzugabe. Fadenlauf und Musterrichtung beachten. Evtl. Markierungen übertragen.

- **Aus Oberstoff**
  2 x Stiftemäppchen (SB 2)
- **Aus Futterstoff**
  1 x Futterstofftasche (SB 2) im Stoffbruch
  2 x Schlaufen: 6 x 10 cm
- **Aus Volumenvlies**
  2 x Stiftemäppchen (SB 2)

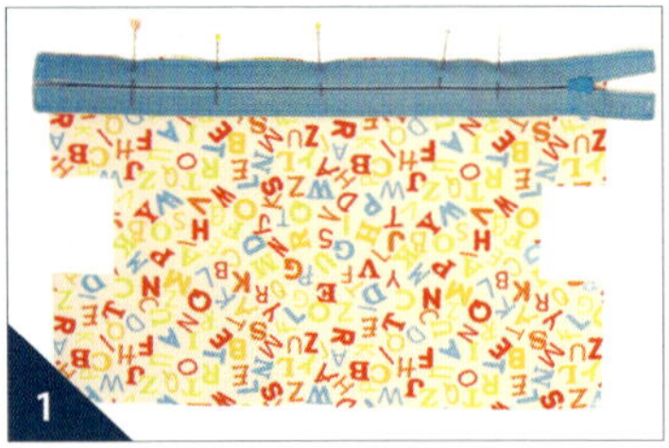

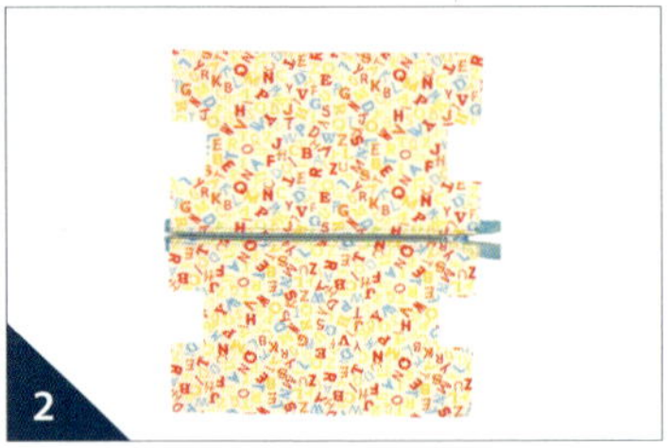

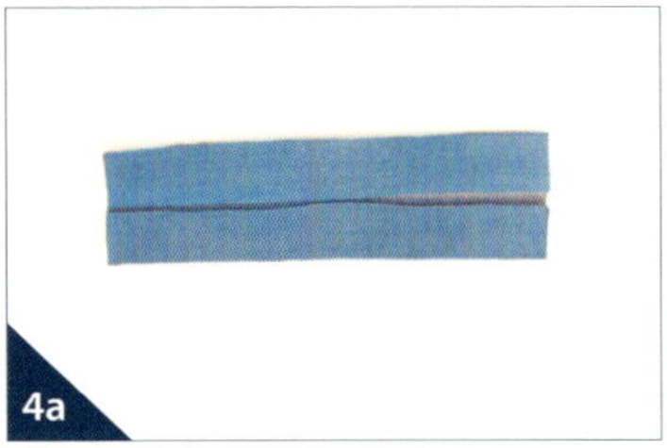

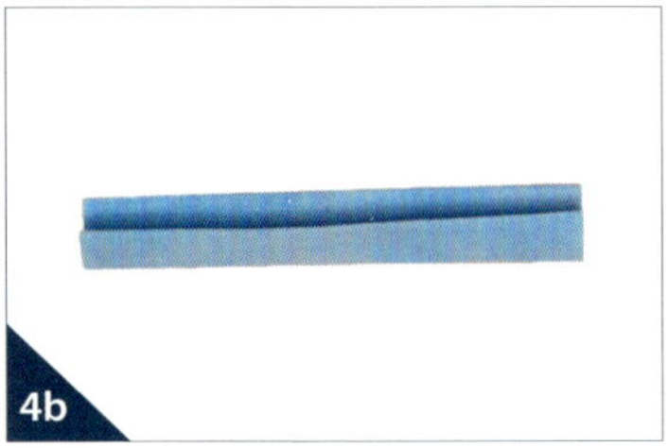

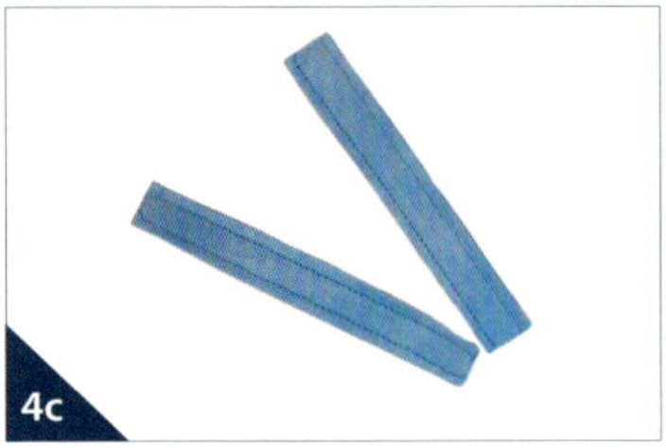

♥ LOS GEHT'S

1. Reißverschluss einnähen

Bügle die Vlieseinlage auf die linke Seite des Oberstoffs. Lege den Reißverschluss rechts auf rechts auf ein Oberstoffteil und stecke diesen fest. Setze den Reißverschlussfuß in deine Nähmaschine ein und nähe beides vorsichtig zusammen.

2. Oberstoff wenden und absteppen

Wende den Stoff und steppe auf der Stoffseite entlang des Reißverschlusses knappkantig ab. Verfahre genauso mit der anderen Seite des Reißverschlusses. Setze wieder den Nähfuß in deine Maschine ein.

3. Oberstoff zusammennähen

Lege den Oberstoff rechts auf rechts, stecke die lange Seite fest und nähe anschließend alles zusammen. Die Nahtzugabe auseinanderbügeln.

4. Schlaufen anfertigen

Für die Schlaufen die Längsseiten des Schnittteils so links auf links zur Mitte klappen, dass sich diese mittig berühren. Bügeln. Dann längsseitig nochmals knicken und bügeln. Steppe knappkantig entlang der langen Seiten. Wiederhole diesen Schritt bei der zweiten Schlaufe.

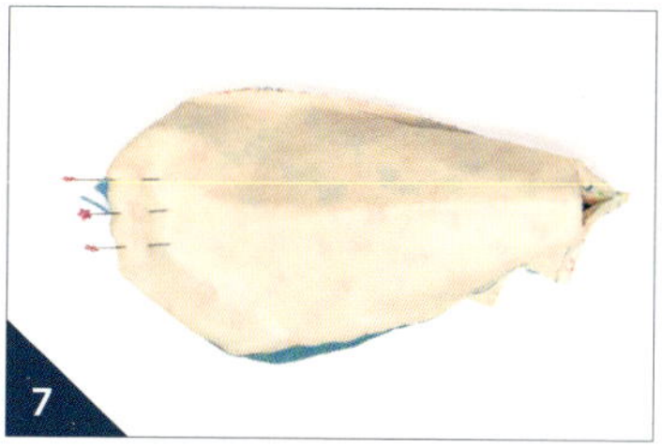

TIPP

Dies ist auch ein tolles Geschenk für Mädchen mit dem ersten Labello, kleinen Cremetuben und Nagellack darin.

5. Schlaufen positionieren

Lege den Reißverschluss etwas geöffnet, damit man die Tasche später gut wenden kann, auf die Bodennaht. Falte die beiden Schlaufen einmal quer in der Mitte und lege diese zwischen Reißverschluss und Bodennaht. Dabei zeigen die Enden der Schlaufen nach außen.

6. Seitennähte schließen

Stecke die kurzen Seiten fest und nähe diese mit 0,5 cm Nahtzugabe zusammen.

7. Außentasche fertigstellen

Lege die Ecken so aufeinander, dass eine gerade Linie entsteht. Feststecken und mit 1 cm Nahtzugabe zusammennähen.

8. Außentasche wenden

Wende die Außentasche durch den offenen Reißverschluss.

9. Futterstofftasche anfertigen

Fertige eine Futterstofftasche an, wie in Step 6 und 7 beschrieben (auch hier die Seitennähte mit 1 cm Nahtzugabe nähen).

10. Futterstofftasche einnähen

Die Futterstofftasche in die Oberstofftasche legen und per Hand einnähen.

AUFBEWAHRUNGSBOX

Maße 20 x 20 x 29 cm

SCHWIERIGKEITSGRAD ★★★

♥ MATERIAL

Der Stoffverbrauch bezieht sich auf eine Stoffbreite von 110 cm.

- Oberstoff 1: 1 m Baumwollstoff
- Futterstoff: 1 m Baumwollstoff
- Oberstoff 2: 1 m Baumwollstoff
- 1 Spitzen-Endlos-Reißverschluss inkl. Schieber (2,5 cm breit): 66 cm
- Gurtband (2,5 cm breit): 20 cm
- Style-Vil: 50 cm
- Vlieseline H 200: 50 cm (optional)

♥ ZUSCHNITT

Schneide die Stoffe gemäß den angegebenen Maßen zu. Alle Schnittangaben enthalten bereits 1 cm Nahtzugabe. Fadenlauf und Musterrichtung beachten. Evtl. Markierungen übertragen.

- **Aus Oberstoff**
  1 x Deckel-/Bodenteil: 22 x 62 cm
  1 x Seitenteil oben: 62 x 8,5 cm
  1 x Seitenteil unten: 62 x 15 cm
- **Aus Futterstoff**
  1 x Deckel-/Bodenteil: 22 x 62 cm
  1 x Seitenteil oben: 62 x 8,5 cm
  1 x Seitenteil unten: 62 x 15 cm
- **Aus Style-Vil**
  1 x Deckel-/Bodenteil: 24 x 64 cm
  1 x Seitenteil oben: 64 x 10,5 cm
  1 x Seitenteil unten: 64 x 17 cm
- **Aus Vlieseline H 200 (optional)**
  1 x Deckel-/Bodenteil: 24 x 64 cm
  1 x Seitenteil oben: 64 x 10,5 cm
  1 x Seitenteil unten: 64 x 17 cm

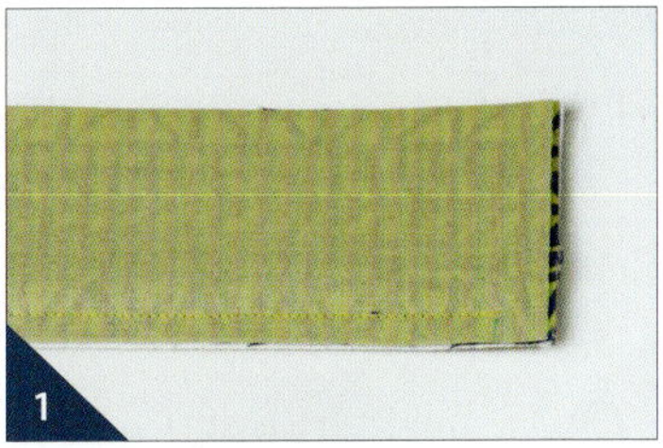

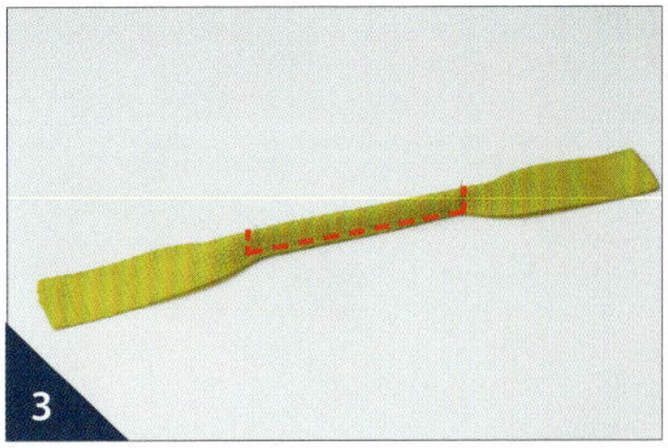

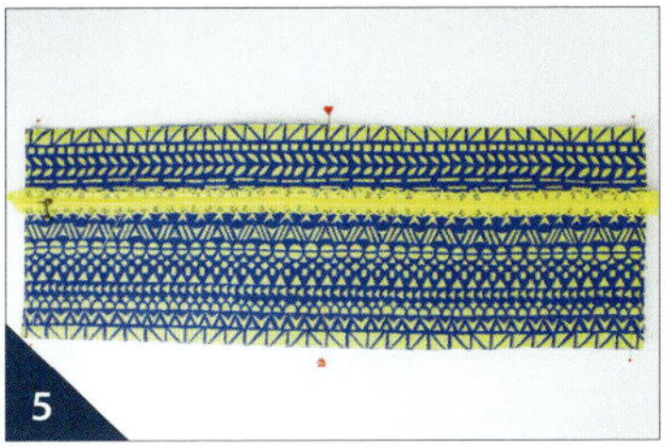

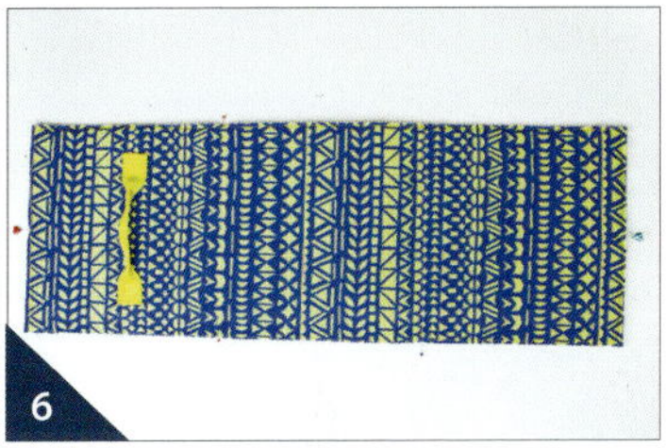

♥ LOS GEHT'S

Stecke die Schnittteile aus Oberstoff mit Spannung auf die entsprechenden Teile aus Style-Vil und nähe sie knappkantig darauf fest. Schneide dann das Style-Vil auf die Größe der Schnittteile aus Oberstoff zurück.

Bei dünnen Baumwollstoffen verstärkst du die Teile aus Futterstoff zusätzlich mit Vlieseline H 200.

1. Seitenteile zusammennähen

Lege die oberen Seitenteile aus Ober- und Futterstoff rechts auf rechts zusammen. Setze am rechten und linken Rand der Unterkante jeweils eine Markierung bei 1,5 cm. Nähe die Teile nun von Markierung zu Markierung zusammen. Die unteren Seitenteile nähst du ebenso zusammen, nur dass sie an der Oberkante zusammengenäht werden.

2. Reißverschluss einnähen

Schneide die Nahtzugaben auf ca. 5 mm zurück und lege die Seitenteile jeweils rechts auf rechts zusammen. Teile den Spitzen-Endlos-Reißverschluss und stecke jeweils eine Seite links auf rechts an die eben genähte Ober- bzw. Unterkante der Seitenteile. Achte darauf, dass die Zähnchen des Reißverschlusses knapp über die Kante hinausschauen. Nähe die Reißverschlussteile knappkantig an. Auch hier lässt du zu dem linken bzw. rechten Rand 1,5 cm frei. Fädle den Schieber, wie auf Seite 17 beschrieben, auf. Verriegle die Enden des Reißverschlusses, indem du ein paarmal darübernähst.

3. Griff anfertigen

Falte das Gurtband längs und nähe es mittig 8 cm zusammen.

4. Griff annähen

Klappe die Enden des Bands 2 cm ein und fixiere es 9 cm von der vorderen Kante und jeweils 3 cm von der linken bzw. rechten Kante auf dem Deckel-/Bodenteil aus Oberstoff. Nähe die Enden in einem Rechteck über Kreuz auf.

5. Seitenteile markieren

Markiere auf den Seitenteilen die Mitte und die Nahtzugaben von jeweils 1 cm (siehe Position der Nadeln auf Bild 5). Knipse diese Markierungen mit einer Schere auf Ober- und Futterstoff innerhalb der Nahtzugaben ein.

6. Deckel-/Bodenteile markieren

Auf dem Deckel-/Bodenteil aus Ober- und Futterstoff markierst du ebenfalls die Mitte des Deckels bzw. Bodens. Setze an den langen Seiten oben und unten jeweils eine Markierung 20 cm vom linken und rechten Rand entfernt und knipse auch diese mit einer Schere ein (siehe Position der Nadeln auf Bild 6).

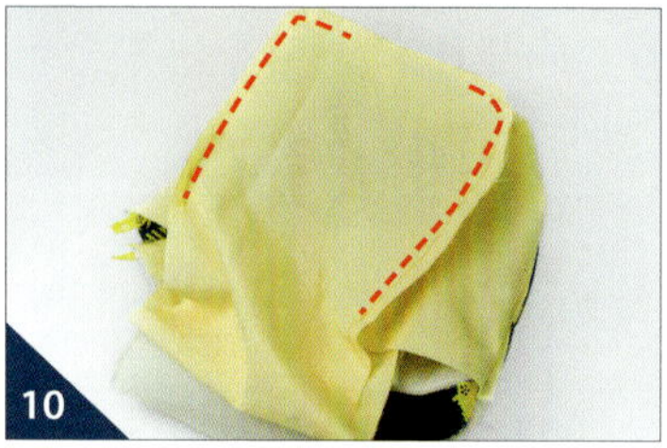

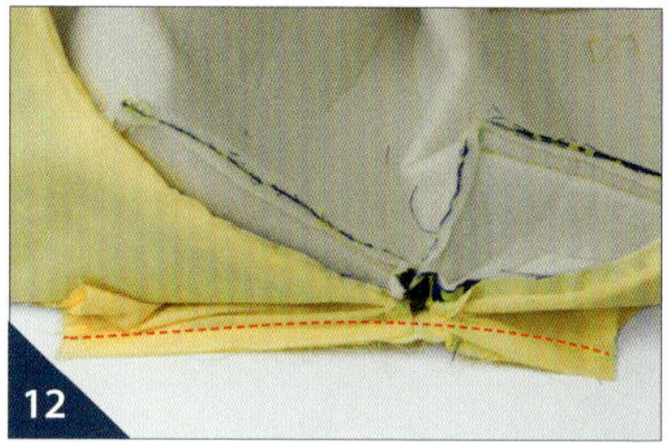

7. Oberstoff: Deckel an Seitenteil nähen

Stecke nun das Seitenteil aus Oberstoff mit der Oberkante rechts auf rechts an den Deckel aus Oberstoff. Die Markierungen in der Mitte und an den Seiten treffen aufeinander. Nähe nun von Markierung zu Markierung. Die Ecken des Deckels schauen etwas über den Rand hinaus und werden automatisch etwas rund genäht. Achte darauf, dass du nicht aus Versehen den Futterstoff festnähst. Das Seitenteil liegt beim Nähen oben.

8. Boden an Seitenteil nähen

Klappe nun den Boden nach oben und stecke ihn ebenfalls auf die Unterkante des Seitenteils, sodass wieder alle Markierungen aufeinandertreffen. Nähe von Markierung zu Markierung. Das Seitenteil liegt beim Nähen oben.

9. Futterstoff: Deckel an Seitenteil nähen

Öffne den Reißverschluss zur Hälfte. Stecke nun das Deckel-/Bodenteil aus Futterstoff rechts auf rechts an die Oberkante des Seitenteils aus Futterstoff. Auch hier treffen alle Markierungen aufeinander und es wird genäht wie in Step 7.

10. Oberstoff und Futter zusammennähen

Wende nun die Box, indem du in die Box hineingreifst und das Teil aus Oberstoff herausziehst. Jetzt liegt der Futterstoff außen. Dann steckst du die andere Seite des Deckel-/Bodenteils auf die Unterkante des Seitenteils, indem wieder alle Markierungen zusammentreffen. Nähe es ebenfalls von Markierung zu Markierung zusammen, lass aber an der Vorderseite (mittige Markierung) eine ausreichend große Wendeöffnung.

11. Oberstoff: Seitenteile zusammennähen

Lege nun die Seiten des Oberstoffs rechts auf rechts zusammen und nähe knapp am Reißverschluss entlang. Am besten geht das mit dem Reißverschlussfüßchen. Nähe auf dem Reißverschluss ein paarmal vor und zurück, damit er später nicht ausreißen kann.

12. Fertigstellen

Nun werden noch die Seiten aus Futterstoff rechts auf rechts zusammengenäht. Alle Nahtzugaben auf 5 mm zurückschneiden. Wende deine Aufbewahrungsbox durch die Öffnung, forme alle Ecken aus und schließe die Wendeöffnung mit einer knappkantigen Naht.

KLEIDERSCHRANK-ORGANIZER

Maße
36 x 92 cm

SCHWIERIGKEITSGRAD ★★★

♥ MATERIAL

Der Stoffverbrauch bezieht sich auf eine Stoffbreite von 145 cm.

- Oberstoff 1: 1 m fester Baumwollstoff
- Oberstoff 2: 2 m fester Baumwollstoff
- Mesh: 41 x 50 cm
- Vlieseline H 200: 35 cm
- 4 Rundringe (Ø 30 mm)
- 7 Druckknöpfe oder Kam Snaps
- Hosen-Kleiderbügel
- farblich passendes Nähgarn

♥ ZUSCHNITT

Schneide die Stoffe gemäß den angegebenen Maßen zu. Alle Angaben enthalten bereits 1 cm Nahtzugabe. Fadenlauf und Musterrichtung beachten. Evtl. Markierungen übertragen.

- **Aus Oberstoff 1**
  2 x Grundteil: 39 x 77 cm
  2 x aufgesetzte Tasche, Innentasche: 16 x 32 cm
  2 x aufgesetzte Tasche, Klappe innen: 16 x 8 cm
  2 x falsche Paspel für Taschenklappe: 16 x 3 cm (optional)
- **Aus Oberstoff 2**
  2 x aufgesetzte Tasche, Außentasche: 16 x 32 cm
  2 x aufgesetzte Tasche, Klappe außen: 16 x 8 cm
  2 x Steckfach: 33 x 32 cm
  5 x Schlauchfach: 62 x 47 cm
  4 x Schlaufen für Ringe: 12 x 8 cm

- **Aus Mesh**
  1 x Schuhfach: 41 x 50 cm
- **Aus Vlieseline H 200**
  2 x Steckfach: 33 x 32 cm

♥ LOS GEHT'S

1. Steckfächer annähen

Bereite die beiden Steckfächer vor, wie auf Seite 15 beschrieben, und nähe sie mittig jeweils 11 cm und 32 cm von der oberen Kante auf das Grundteil.

2. Taschen mit Klappe anbringen

Nähe die beiden aufgesetzten Taschen mit Verschlussklappe, wie auf Seite 24 beschrieben. Fixiere sie mit geöffneter Klappe 6 cm von der unteren und 4,5 cm von der linken bzw. rechten Kante. Die Taschen schließen bündig mit den linken bzw. rechten Kanten der Steckfächer ab. Nähe nun die Taschen an der linken, unteren und rechten Kante knappkantig auf das Grundteil. Nähe außerdem eine Naht knapp neben der oberen Kante der Taschenöffnung und fixiere so die Taschenklappe am Grundteil.

3. Schuhfach nähen

Klappe die langen Kanten des Schuhfachs aus Mesh jeweils 2 cm nach innen und steppe die Säume fest.

4. Schuhfach an Grundteil nähen

Falte das Fach links auf links zusammen und lege es mit den beiden offenen Kanten nach unten an die untere Seite des Grundteils. Knappkantig feststeppen.

5. Ringe anbringen

Nähe die Schlaufen für die Rundringe, wie auf Seite 46, Step 4, beschrieben, fädle sie durch die Ringe und positioniere jeweils zwei davon bündig zur oberen bzw. unteren Kante des oberen Steckfachs. Die Ringe zeigen nach innen. Knappkantig festnähen.

6. Schlauchfächer

Nun werden die fünf Schlauchfächer angenäht. Fertige diese wie auf Seite 16 beschrieben. Das erste Fach fixierst du mittig und 11 cm von der oberen Kante des zweiten Grundteils. Achte darauf, dass die Naht des Schlauchfachs auf der Rückseite liegt. Knappkantig annähen.

7

8

9

10

7. Schlauchfächer annähen

Positioniere das nächste Schlauchfach 10,5 cm von der oberen Kante des ersten Fachs und nähe es knappkantig am Grundteil fest. Die restlichen Fächer ebenso annähen.

8. Grundteile zusammennähen

Lege die beiden Grundteile mit den Fächern rechts auf rechts und nähe sie bis auf eine Wendeöffnung an der oberen Kante zusammen. Achte darauf, an den Seitennähten die Schlauchfächer und das Schuhfach nicht mit einzunähen.

9. Grundteil wenden

Schräge die Ecken der Nahtzugaben bis kurz vor die Naht ab, wende den Organizer und forme die Ecken aus.

Schlage die Nahtzugaben der Wendeöffnung nach innen und bügle die Kanten. Steppe diese noch einmal knappkantig ab und verschließe damit gleichzeitig die Wendeöffnung.

10. Druckknöpfe befestigen

Bringe nun noch in gleichmäßigen Abständen fünf Kam Snaps im oberen Bereich des Organizers an. Falte dafür die Kante so, dass sie bündig mit der oberen Kante des ersten Steckfachs abschließt, und positioniere die Knöpfe 2 cm von der unteren Kante des umgeschlagenen Bereichs.

Am Bügel befestigen.

KOSMETIKTASCHE MIT PINSELFACH

SCHWIERIGKEITSGRAD ★ ★ ★

♥ MATERIAL

Der Stoffverbrauch bezieht sich auf eine Stoffbreite von 110 cm.

- Oberstoff: 30 cm Baumwolle
- Futterstoff: 30 cm Baumwolle
- Kunstleder in Kupfer: 19 x 13 cm
- Vlieseline H630: 50 cm
- Vlieseline H200: 50 cm
- Endlos-Reißverschluss in Kupfer metallisiert inkl. Schieber (3,5 cm breit): 21 cm
- Steckschloss: 42 x 45 mm
- Gummiband: 38 cm
- farblich passendes Nähgarn

♥ ZUSCHNITT

Schneide die Stoffe gemäß den angegebenen Maßen oder den Schnittmustern auf dem jeweils angegebenen Schnittmusterbogen (SB) zu. Alle Schnittangaben enthalten bereits 1 cm Nahtzugabe. Fadenlauf und Musterrichtung beachten. Evtl. Markierungen übertragen.

- **Aus Oberstoff**
  2 x Außentasche (SB 1)
  1 x Pinselfach: 19 x 23 cm
  2 x Reißverschluss-Endstücke: 6 x 3,5 cm
- **Aus Futterstoff**
  2 x Innentasche (SB 1)
  1 x Pinselfach: 19 x 23 cm
  1 x Klappe (SB 1)
- **Aus Kunstleder**
  1 x Klappe (SB 1)
- **Aus Vlieseline H630**
  2 x Innentasche (SB 1)
  1 x Klappe (SB 1)
  1 x Pinselfach: 19 x 23 cm
- **Aus Vlieseline H200**
  2 x Außentasche (SB 1)
  1 x Pinselfach: 19 x 23 cm

Bereite alle Schnittteile vor und bügle die Vlieseline auf die linke Stoffseite der entsprechenden Schnittteile.

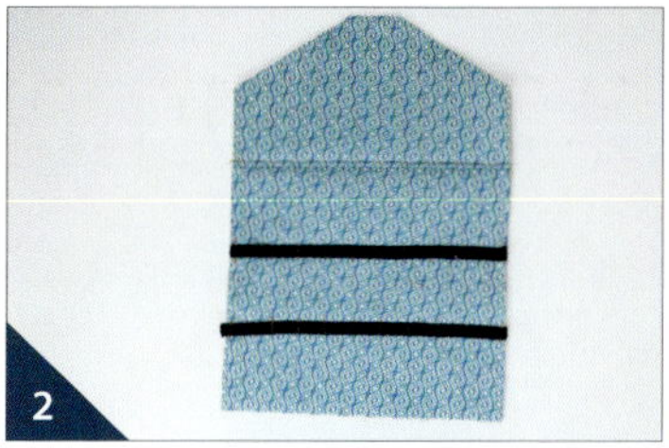

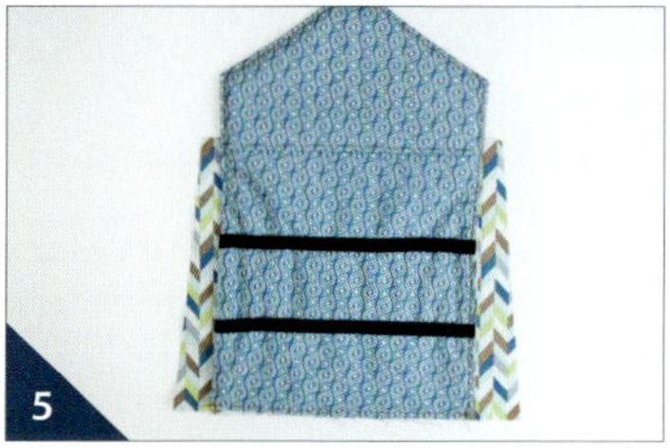

♥ LOS GEHT'S

1. Klappe an Pinselfach nähen

Fixiere die Klappe aus Kunstleder rechts auf rechts auf dem Schnittteil „Pinselfach" aus Oberstoff und nähe sie zusammen. Klappe die Nahtzugaben in Richtung des Pinselfachs und steppe sie knappkantig von der rechten Stoffseite fest. Nähe die Klappe und das Pinselfach aus Futterstoff ebenso zusammen. Die Nahtzugabe in Richtung der Klappe legen und von der rechten Stoffseite feststeppen.

2. Gummibänder anbringen

Schneide das Gummiband in 19 cm lange Stücke und fixiere sie jeweils 6 cm und 12 cm von der oberen Steppkante des Pinselfachs aus Futterstoff. Knappkantig festnähen. Markiere nun die Unterteilungen auf den Gummibändern und nähe diese fest. Am linken und rechten Rand sind sie 3 cm breit, die restlichen sind 2 cm breit.

3. Pinselfach nähen

Lege die Teile des Pinselfachs rechts auf rechts zusammen. Schließe alle Nähte bis auf die untere. Schneide die Nahtzugaben an den Ecken vorsichtig bis kurz vor die Naht v-förmig ein.

4. Pinselfach absteppen

Wende das Pinselfach, forme die Ecken der Klappe gut aus und steppe die Kanten knappkantig ab.

5. Pinselfach auf Außentasche nähen

Lege das Pinselfach mittig rechts auf rechts an die untere Kante eines Außentaschenteils und nähe sie an der unteren Kante knappkantig zusammen.

6. Reißverschluss vorbereiten

Bereite den Reißverschluss vor. Wie du einen Endlos-Reißverschluss auffädelst, siehst du auf Seite 17, und wie die Endstücke angebracht werden, auf Seite 15.

7. Reißverschluss einnähen

Lege den Reißverschluss rechts auf rechts an die obere Kante eines Außentaschenteils. Darauf platzierst du mit der rechten Stoffseite nach unten ein Innentaschenteil. Die oberen Kanten schließen bündig ab, der Reißverschluss liegt zwischen Außen- und Innentaschenteil. Mit dem Reißverschlussfüßchen zusammennähen. Wenn du am Schieber angekommen bist, versenke die Nadel im Stoff, hebe das Füßchen, ziehe den Schieber am Füßchen vorbei, senke dieses wieder und nähe weiter.

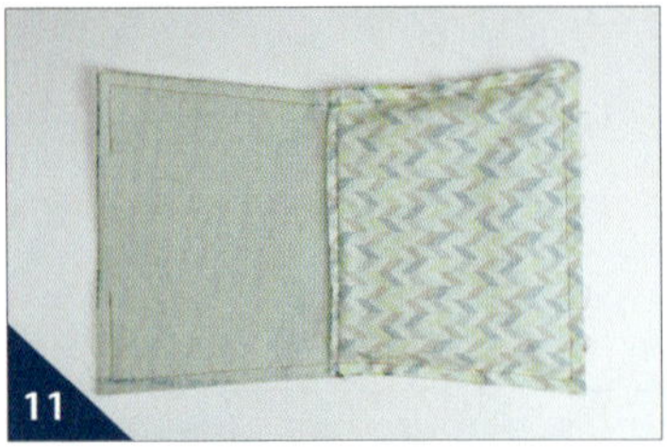

8. **Tasche absteppen**

Klappe Außen- und Innentaschenteil links auf links, bügle die eben genähte Kante und steppe diese noch einmal knappkantig ab.

9. **Außentasche mit Pinselfach fixieren**

Nun fixierst du das zweite Außentaschenteil mit dem angenähten Pinselfach rechts auf rechts an die obere Kante des Reißverschlusses. Das Pinselfach klappst du nach unten weg.

10. **Innentasche annähen**

Wende die Taschenteile und stecke auf der anderen Seite das zweite Innentaschenteil rechts auf rechts fest und nähe die Kante. Klappe Außen- und Innentaschenteil links auf links, bügle die eben genähte Kante und steppe diese noch einmal knappkantig ab.

11. **Alle Taschen zusammennähen**

Lege nun jeweils die Innen- und die Außentaschenteile rechts auf rechts aufeinander. Achte darauf, dass das Pinselfach im Inneren der Tasche ist und nicht mit festgenäht wird. Der Reißverschluss ist komplett geöffnet. Nähe nun einmal alles ringsum mit einer Nahtzugabe von 1 cm zusammen, wobei du am Boden der Futtertasche eine 10 cm große Wendeöffnung lässt. Die Nahtzugaben auf 3 mm vor die Naht zurückschneiden.

12. **Taschenboden nähen**

Nun wird der Taschenboden genäht. Dafür die Ecken so falten, dass die Seiten- und die Bodennaht genau aufeinandertreffen. Im Abstand von 3 cm zur Ecke zeichnest du eine Linie und nähst sie quer ab. Die Ecke knapp neben der Naht abschneiden.

13. **Verschluss anbringen**

Wende die Tasche, forme die Ecken gut aus und stecke die Innen- in die Außentasche. Bringe nun ein Mappenschloss an, wie auf Seite 14 gezeigt. Achte darauf, dass die obere Kante der Klappe aus Kunstleder in Höhe der vorderen Kante des Reißverschlusses sitzt. Schließe die Wendeöffnung mit einer knappkantigen Naht.

PRAKTISCHE UTENSILOS

Maße Größe S: Höhe 12 cm, Ø 10 cm

Maße Größe M: Höhe 22 cm, Ø 15 cm

Maße Größe L: Höhe 35 cm, Ø 23 cm

SCHWIERIGKEITSGRAD ★★★

♥ MATERIAL

Der Stoffverbrauch bezieht sich auf eine Stoffbreite von 110 cm. Die Verstärkung aus Decovil I Light wird auf die Außenteile aufgebügelt.

- Oberstoff (Canvas): 1 m – Größe L, 40 cm – Größe M, 30 cm – Größe S
- Futterstoff: 1 m – Größe L, 40 cm – Größe M, 50 cm – Größe S
- Kunstleder : 50 x 70 cm – Größe L, 60 x 15 cm – Größe M, 45 x 10 cm – Größe S
- Decovil I Light: 1 m – Größe L, 40 cm – Größe M, 50 cm – Größe S
- Ösen (8 mm Durchmesser): ca. 10 pro Utensilo
- dünne Kordel für Größe S: 30 cm
- Endlos-Reißverschluss inkl. Schieber für Größe L: 25 cm
- farblich passendes Nähgarn

♥ ZUSCHNITT

Schneide die Stoffe gemäß den angegebenen Maßen oder den Schnittmustern auf dem jeweils angegebenen Schnittmusterbogen (SB) zu. Alle Schnittangaben enthalten bereits 1 cm Nahtzugabe. Fadenlauf und Musterrichtung beachten.

- **Aus Oberstoff**
  2 x Außenteil Größe L: 41,25 x 42 cm
  2 x Außenteil oben Größe M: 28,7 x 22 cm
  2 x Außenteil oben Größe S: 20,85 x 17 cm
  1 x Steckfach innen Größe L: 41,25 x 52 cm
  1 x Boden Größe L (SB 1)
- **Aus Futterstoff**
  2 x Innenteil Größe L: 41,25 x 42 cm
  2 x Innenteil Größe M: 28,7 x 30 cm
  2 x Innenteil oben Größe S: 20,85 x 13 cm
  2 x Innenteil unten Größe S: 20,85 x 10 cm
  2 x Reißverschlussfach Größe L: 25 x 25 cm
  1 x Tunnelzug Größe S: 41,7 x 18 cm
  1 x Boden Größe S, M, L (SB 1)
- **Aus Kunstleder**
  2 x Steckfach außen Größe L: 41,25 x 32 cm
  2 x Außenteil unten Größe M: 28,7 x 10 cm
  2 x Außenteil unten Größe S: 20,85 x 6 cm
  1 x Zierstreifen Größe L: 150 x 2,5 cm
  1 x Zierstreifen Größe M: 100 x 2,5 cm
  1 x Zierstreifen Größe S: 70 x 2,5 cm
  1 x Boden Größe S, M (SB 1)
- **Aus Decovil I Light**
  2 x Außenteil Größe L: 41,25 x 42 cm
  2 x Außenteil oben Größe M: 28,7 x 22 cm
  2 x Außenteil oben Größe S: 20,85 x 18 cm
  1 x Boden Größe L (SB 1)

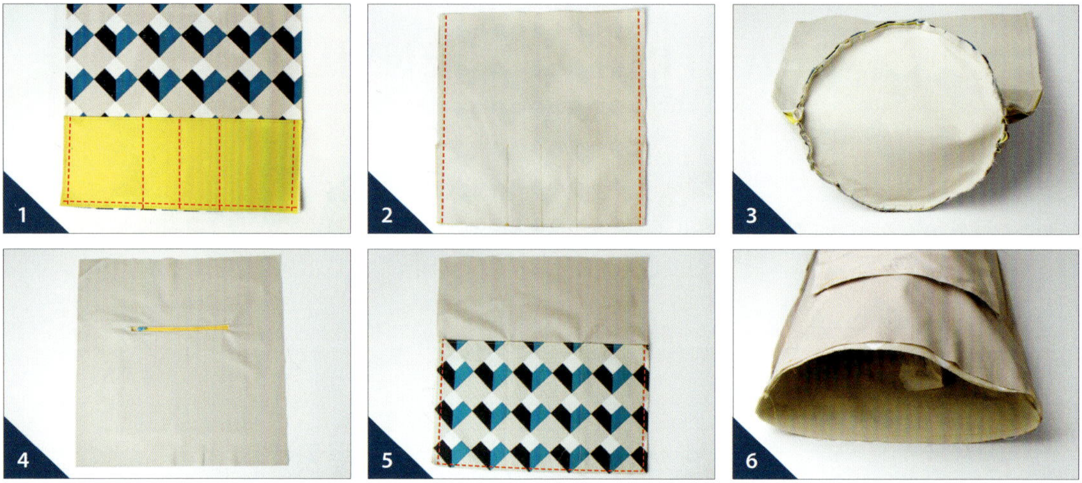

♥ LOS GEHT'S

1. Utensilo Größe L

Lege die Schnittteile der Außenfächer aus Kunstleder links auf links zusammen und steppe die Bruchkanten knappkantig ab. Lege jeweils ein Steckfach auf ein Außenteil und nähe die Unterteilungen wie folgt: Miss jeweils von der linken und rechten Kante 13 cm und dann noch einmal die Mitte des Steckfachs für die mittlere Naht. Mit jeweils einer Linie markieren und vom Boden aus zur Bruchkante des Steckfachs abnähen. Beim zweiten Außenteil wiederholen. Nahtzugaben auf ca. 3 zurückschneiden, wenden und Rundung am Boden ausformen.

2. Seitenkanten schließen

Lege die Außenteile rechts auf rechts zusammen und nähe die Seitenkanten zusammen.

3. Boden einnähen

Markiere die vordere und hintere Mitte des Außenteils und stecke nun das Bodenteil gleichmäßig an die untere Kante. Knipse am Bodenteil beachten. Nahtzugaben des Bodenteils gleichmäßig innerhalb der Nahtzugabe einschneiden. So lässt sich die Rundung besser nähen. Bodenteil annähen. Außenteil wenden.

4. Reißverschlussfach einnähen

Nähe ein Reißverschlussfach 10 cm von der oberen Kante in ein Innenteil ein. Eine Anleitung dazu findest du auf Seite 18.

5. Innen- und Außenteil fertigstellen

Auf das andere Innenteil nähst du ein Steckfach knappkantig auf. Das Steckfach nähst du wie das Steckfach auf dem Außenteil. Setze mittig noch eine senkrechte Unterteilungsnaht, wenn du möchtest. Nähe das Innenteil nun wie das Außenteil zusammen.

6. Innen- und Außenteil zusammennähen

Stecke das Außenteil rechts auf rechts in das Innenteil und nähe die obere Kante, bis auf eine Wendeöffnung von 28 cm, zusammen. Wenden, Nahtzugabe der Wendeöffnung nach innen schlagen, Kante bügeln und knappkantig absteppen.

7. Ösen anbringen

Schlage die obere Kante um 6 cm zu einer Krempe um. Markiere die vordere Mitte der Krempe mit einer Nadel und setze im Abstand von jeweils 3,9 cm links und rechts zur Nadel und mit 3 cm Abstand zur oberen Kante die

7

8

9

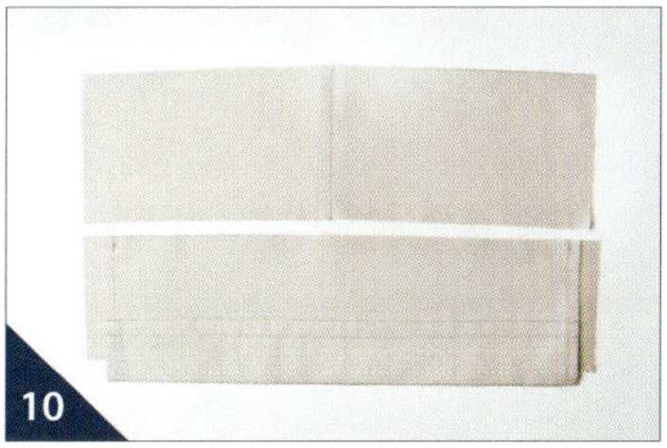
10

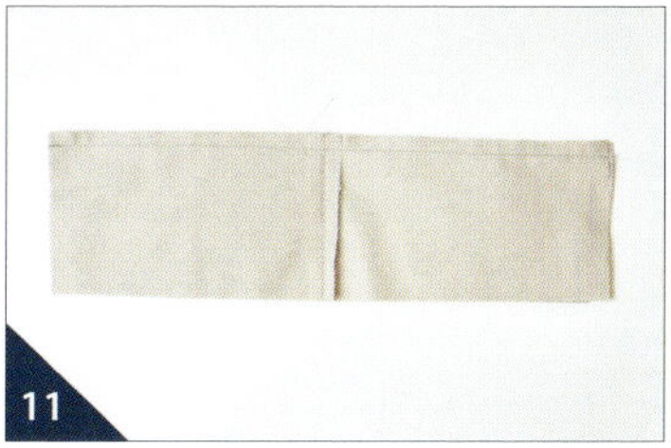
11

12

ersten Markierungspunkte für die Ösen. Verteile dann im Abstand von 7,8 cm ringsum die weiteren Punkte für die Ösen. Gehe dabei immer von der vorderen Mitte aus. Wenn die Markierungen gesetzt sind, die Ösen, wie auf Seite 20 beschrieben, anbringen. Fädle nun das Lederband ein, das du wie in der Anleitung auf Seite 22 genäht hast, und ziehe den Kordelstopper (siehe S. 25) auf.

8. Utensilo Größe S

Für das Utensilo in Größe S legst du jeweils das „Außenteil unten" rechts auf rechts auf das „Außenteil oben" und nähst sie zusammen.

9. Nahtzugaben absteppen

Klappe die Nahtzugaben auf der Rückseite nach oben und steppe sie knappkantig zur Naht ab. Nähe nun das Außenteil zusammen, wie bei Größe L. Die Nahtzugaben zurückschneiden, wenden und die Rundung ausformen.

10. Tunnelzug

Nähe einen Tunnelzug aus dem Schnittteil „Tunnelzug", wie in der Anleitung auf Seite 19 gezeigt. Lege die Schnittteile „Innenteil oben" und „Innenteil unten" jeweils rechts auf rechts zusammen und schließe eine Seitennaht. Lege den Tunnelzug links auf rechts auf das Schnittteil „Innenteil unten".

11. Tunnelzug an Innenteil nähen

Lege das Schnittteil „Innenteil oben" bündig rechts auf rechts darauf und nähe die Kante zusammen.

12. Ösen anbringen

Lege das Innenteil rechts auf rechts zusammen und schließe die zweite Seitennaht. Nun nähst du noch den Boden an und fügst Innen- und Außenteil zusammen, wie bei Größe L gezeigt. Bringe die Ösen in einem Abstand von 7 cm an (siehe Step 7), ziehe das Kunstlederband durch und den Stopper auf. Fädle nun noch ein Band oder eine dünne Kordel durch den Tunnelzug.

Utensilo Größe M

Nähe die Außenteile wie in Step 8 und 9 bei Größe S zusammen. Schließe die Seitennähte und nähe den Boden an, wie in Step 3. Das Innenteil nähst du ebenso zusammen und stellst das Utensilo fertig, wie bei den vorherigen Größen beschrieben wurde. Bringe die Ösen in einem Abstand von 5,2 cm an (siehe Step 7), ziehe das Kunstlederband durch und den Stopper auf.

WAND-UTENSILO

Maße
45 x 60 cm

SCHWIERIGKEITSGRAD ★★★

♥ MATERIAL

Der Stoffverbrauch bezieht sich auf eine Stoffbreite von 110 cm.

- Oberstoff 1: 50 cm Baumwollstoff
- Oberstoff 2: 50 cm Baumwollstoff
- Oberstoff 3: 1 m Baumwollstoff
- 2 Endlos-Reißverschlüsse inkl. Schieber (2,5 cm breit): je 22 cm
- Gurtband (4 cm breit): 110 cm
- Rundholz (3 cm Ø): 45 cm
- Kordel (1 cm dick): ca. 60 cm
- Vlieseline H 200 und H 250: je 1 m
- Decovil I Light: ca. 45 x 60 cm (optional)
- farblich passendes Nähgarn

♥ ZUSCHNITT

Schneide die Stoffe gemäß den angegebenen Maßen zu. Alle Angaben enthalten bereits 1 cm Nahtzugabe. Fadenlauf und Musterrichtung beachten. Evtl. Markierungen übertragen.

- **Aus Oberstoff 1**
  1 x Reißverschlussfach oben: 47 x 6,5 cm
  1 x Reißverschlussfach unten: 47 x 15 cm
  1 x Reißverschlussfach Rückseite: 47 x 20,5 cm
  2 x Steckfach mit Kellerfalte: 25 x 17 cm
  1 x unteres Steckfach: 47 x 22 cm
- **Aus Oberstoff 2**
  1 x Reißverschlussfach Rückseite: 47 x 20,5 cm
  2 x Reißverschluss-Endstücke: 6 x 2,5 cm
  1 x Reißverschluss-Endstück: 11 x 2,5 cm
  2 x Steckfach mit Kellerfalte: 25 x 17 cm
- **Aus Oberstoff 3**
  2 x Grundfläche: 47 x 62 cm
- **Aus Vlieseline H 200**
  1 x Reißverschlussfach oben: 47 x 6,5 cm
  1 x Reißverschlussfach unten: 47 x 15 cm
  1 x Reißverschlussfach Rückseite: 47 x 20,5 cm
  2 x Steckfach mit Kellerfalte: 25 x 17 cm
  1 x unteres Steckfach: 47 x 22 cm
- **Aus Vlieseline H 250**
  1 x Grundfläche: 47 x 62 cm
- **Aus Decovil I Light (optional)**
  1 x Grundfläche: 44 x 59 cm

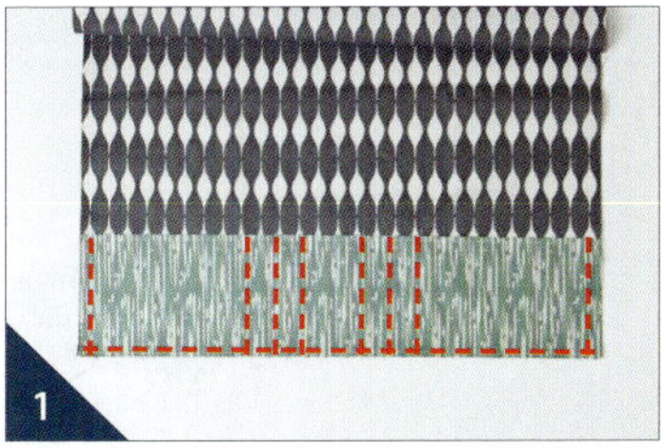
1

2

3

4

♥ LOS GEHT'S

Bügle die Vlieseline auf die entsprechenden Schnittteile. Das Schnittteil „Grundfläche“ aus Vlieseline H 250 bringst du auf der linken Stoffseite des Grundteils an, auf das die Fächer und Taschen aufgenäht werden. Bereite das Steckfach mit Reißverschlüssen (siehe S. 18) und das untere Steckfach (siehe S. 15) vor.

1. Unteres Steckfach anbringen

Lege das Schnittteil für das untere Steckfach links auf links zusammen, bügle die obere Bruchkante und steppe sie knappkantig ab. Fixiere das Steckfach am unteren Rand der mit Vlieseline verstärkten Grundfläche und nähe es links, rechts und unten knappkantig fest. Nähe vertikale Unterteilungen im Abstand von 15 cm – 17,5 cm – 20 cm – 25,5 cm – 28 cm – 30,5 cm von der linken Seite des Grundteils ausgehend. Du kannst die Unterteilungen auch nach deinen eigenen Vorstellungen nähen.

2. Steckfächer mit Kellerfalte nähen

Lege jeweils ein Schnittteil „Steckfach mit Kellerfalte“ aus Oberstoff 1 und Oberstoff 2 rechts auf rechts zusammen und nähe sie bis auf eine Wendeöffnung an der Unterseite zusammen.

3. Fächer absteppen

Schräge die Ecken der Nahtzugaben bis kurz vor die Naht ab, wende die Fächer, forme die Ecken aus und bügle alle Kanten sowie die Nahtzugaben der Wendeöffnungen nach innen. Die obere Kante knappkantig absteppen. Die Seite aus Oberstoff 2 ist bei den Steckfächern mit Kellerfalte die Vorderseite.

4. Kellerfalte bügeln

Falte nun die Seiten jeweils 4 cm zur linken Fachseite aus Oberstoff 1 um und dann noch einmal 2 cm zurück, sodass ein Zickzackfalz entsteht. Die Kanten bügeln.

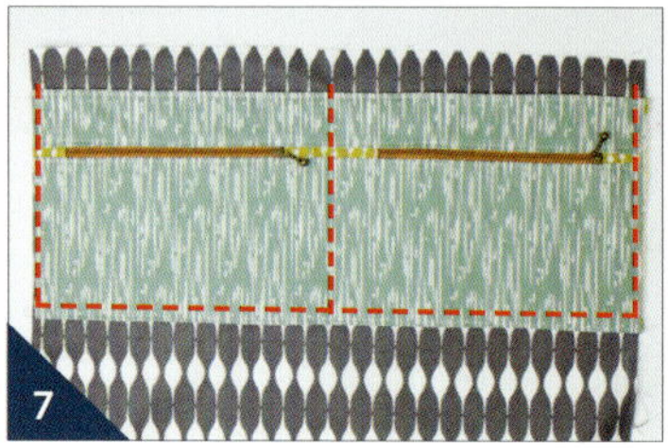

5. **Steckfächer positionieren**

Fixiere die Steckfächer links auf rechts jeweils 5 cm von der linken bzw. rechten Kante und 4 cm von der Oberkante des unteren Steckfachs entfernt auf dem Grundteil. Sehr gut funktioniert das mithilfe von Wondertape. Klebe hierfür jeweils einen Streifen auf die Flächen des Zickzackfalzes. Die Seite mit der Wendeöffnung liegt unten. Klappe die Falze der Seiten nach oben, damit du die Seiten der Fächer knappkantig annähen kannst.

6. **Steckfächer am Grundteil annähen**

Klappe die Falze nun zurück und nähe noch die unteren Kanten der Steckfächer knappkantig am Grundteil fest. Damit wird auch gleichzeitig die Wendeöffnung verschlossen.

7. **Steckfach mit Reißverschlussfächern annähen**

Nähe nun knappkantig und 3 cm von der oberen Kante das Steckfach mit Reißverschlussfächern (siehe S. 18) auf das Grundteil. Die obere Kante bleibt ungenäht. Setze mittig noch eine Teilungsnaht.

8. **Gurtband annähen**

Nun nähst du noch mittig zwischen dem Steckfach mit Reißverschlussfächern und den Steckfächern mit Kellerfalten das 47 cm lange Gurtband an den kurzen Seiten knappkantig auf. Nähe hier wieder Unterteilungen im Abstand von 7 cm – 13 cm – 19 cm – 25 cm – 31 cm – 37 cm von der linken Seite des Grundteils ausgehend.

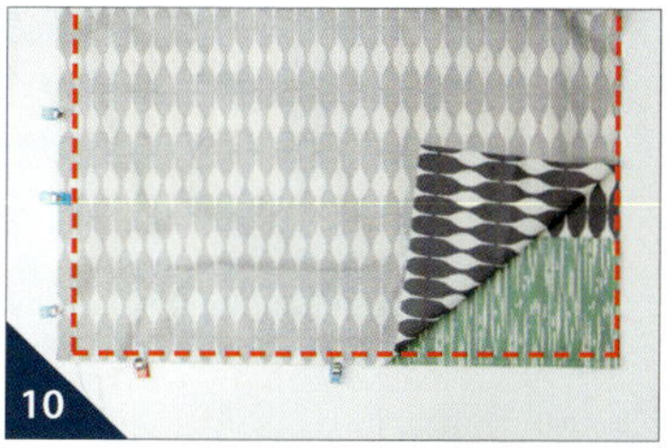

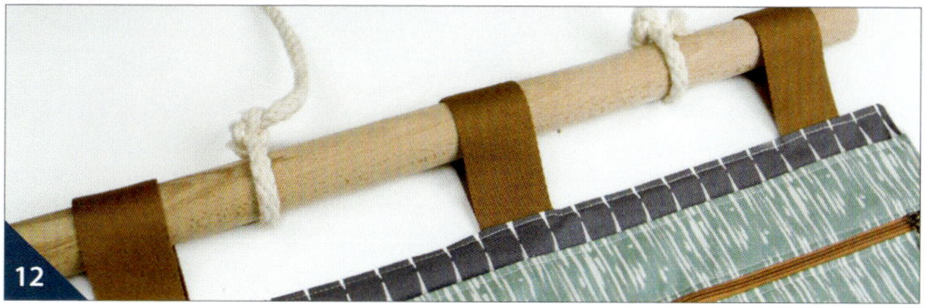

9. Schlaufen annähen

Schneide das restliche Gurtband in drei 18 cm lange Stücke und lege diese jeweils zu einer Schlaufe zusammen. Stecke sie in regelmäßigen Abständen an die obere Kante des Grundteils. Die mittlere Schlaufe liegt mittig auf dem Grundteil, die offenen Kanten aller Schlaufen zeigen nach oben. Nähe die Schlaufen knappkantig fest.

10. Grundteile zusammennähen

Fixiere das zweite Grundteil rechts auf rechts auf dem ersten und nähe es bis auf eine ausreichend große Wendeöffnung an der unteren Kante zusammen. Schräge die Ecken ab und wende das Wand-Utensilo. Ecken ausformen und Kanten bügeln. Wenn dein Utensilo eine hohe Festigkeit haben soll, kannst du nun noch den Zuschnitt aus Decovil I Light durch die Wendeöffnung ins Innere schieben. Die Klebeseite zeigt zur Rückseite des Utensilos. Schlage die rückwärtige Nahtzugabe der Wendeöffnung um das Decovil herum, damit sie nicht an der Klebeseite fixiert wird. Klappe die zweite Nahtzugabe ebenfalls nach innen. Bügle das Utensilo von der Rückseite aus, damit die Verstärkung aus Decovil I Light fixiert wird.

11. Absteppen

Steppe alle Seiten noch einmal knappkantig ab.

12. Rundholz anbringen

Schiebe das Rundholz durch die Schlaufen an der Oberseite und fixiere die Kordel zwischen den Schlaufen mit jeweils einem doppelten Knoten. Für besonders viel Stabilität kannst du in die Knoten auch noch einen Tropfen Textilkleber geben.

MINI-STOFFBRIEFE

SCHWIERIGKEITSGRAD ★☆☆

♥ MATERIAL

- Karton: 22 x 25 cm
- Stoffreste: 22 x 25 cm
- Kam Snaps
- farblich passendes Nähgarn

♥ ZUSCHNITT

Fertige eine Schablone aus Karton an, wie in Step 1 beschrieben. Schneide die Stoffe nach der Schablone zu (Step 2). Die Schablone enthält bereits 1 cm Nahtzugabe. Fadenlauf und Musterrichtung beachten. Evtl. Markierungen übertragen.

Maße
12 x 7 cm

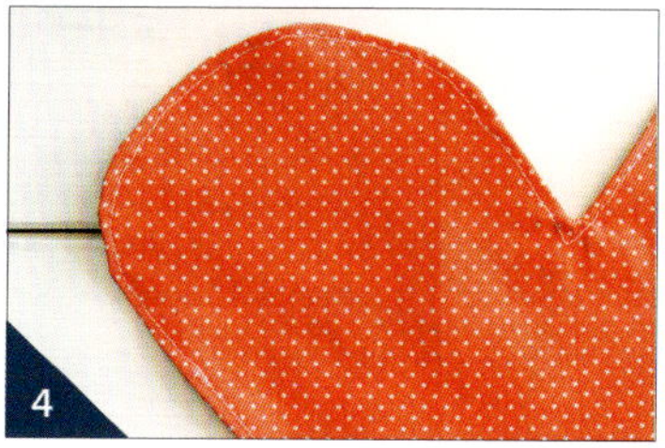

♥ LOS GEHT'S

1. Schablone anfertigen

Zeichne für die Schablone auf ein Stück Karton mit Bleistift ein Herz, schneide es aus und falte es zur Hälfte.

2. Stoff zuschneiden

Lege zwischen die Herzhälften aus Karton ein in der Mitte gefaltetes Stück Stoff. Übertrage das halbe Herz auf den Stoff und schneide es aus. Wiederhole diesen Schritt, denn du brauchst zwei Stoffherzen.

3. Herzen zusammennähen

Lege die beiden Herzen rechts auf rechts zusammen und nähe sie knappkantig zusammen. Lass dabei eine kleine Öffnung zum Wenden.

4. Herzen wenden und schließen

Wende das Herz und steppe es dicht am Rand ab. Dabei schließt du die Wendeöffnung.

5. Briefform falten

Falte das Herz wie ein Briefkuvert zusammen (die beiden Seitenteile nach innen falten und den oberen Teil nach unten klappen) und bügle alles schön glatt.

6. Druckknöpfe anbringen

Befestige nun noch die Druckknöpfe (siehe Seite 21).

CLUTCH FÜR DAS NOTEBOOK

Maße
21 x 33 cm

SCHWIERIGKEITSGRAD ★☆☆

MATERIAL

Der Stoffverbrauch bezieht sich auf eine Stoffbreite von 140 cm.

- Oberstoff: 50 cm Baumwollbatist, Canvas, Möbelstrukturstoff oder Denim
- Futterstoff: 50 cm Baumwollbatist
- Elastikband: ca. 45 cm
- Volumenvlies, aufbügelbar (z. B. Vlieseline H 630)
- farblich passendes Nähgarn

ZUSCHNITT

Schneide die Stoffe gemäß den Schnittmustern auf dem jeweils angegebenen Schnittmusterbogen (SB) zu. Alle Angaben enthalten bereits 1 cm Nahtzugabe. Fadenlauf und Musterrichtung beachten. Evtl. Markierungen übertragen.

- **Aus Oberstoff**
  1 x Taschenklappe (SB 2) im Stoffbruch
  2 x Taschenkorpus (SB 2) im Stoffbruch
- **Aus Futterstoff**
  1 x Taschenklappe (SB 2) im Stoffbruch
  2 x Taschenkorpus (SB 2) im Stoffbruch
- **Aus Volumenvlies**
  1 x Taschenklappe (SB 2) im Stoffbruch
  2 x Taschenkorpus (SB 2) im Stoffbruch
- **Elastikband**
  Lege das Elastikband einmal um die schmale Seite deines Notebooks; das Band darf nicht spannen. Füge zu diesem Maß noch 3 cm Zugabe hinzu (1 cm Nahtzugabe, 2 cm Spielraum) und schneide das Band zu.

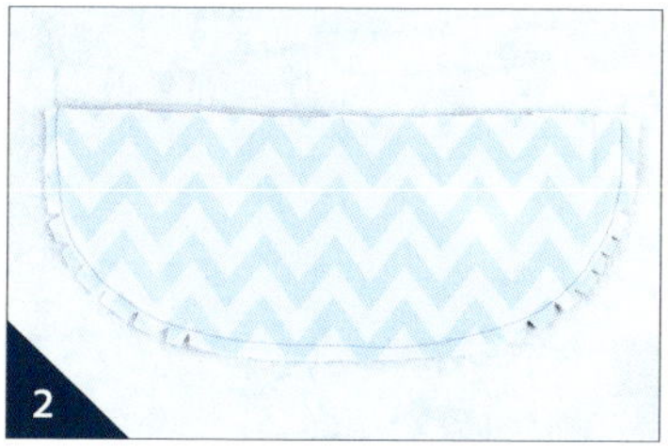

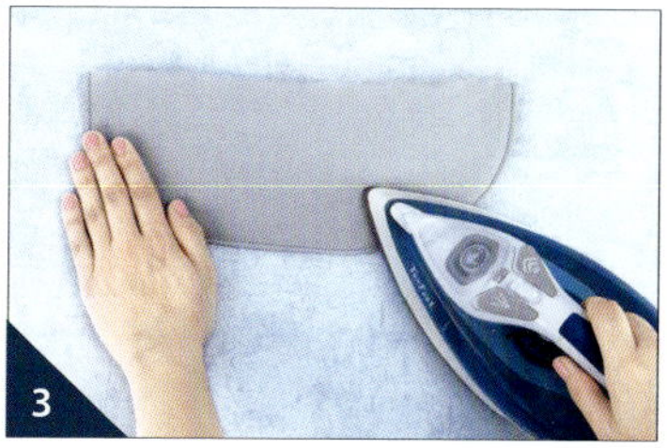

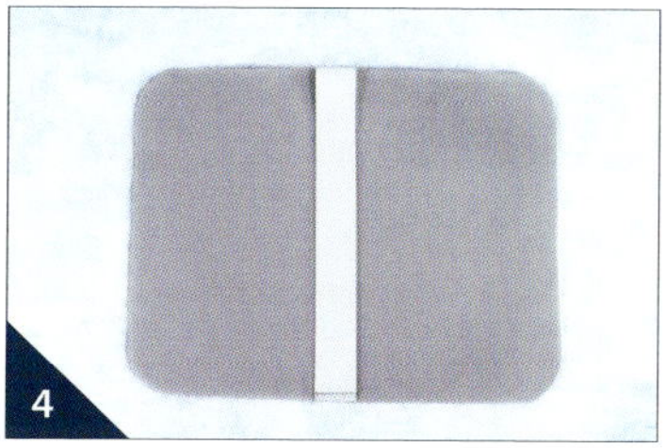

♥ LOS GEHT'S

Vorbereiten

Bügle das Volumenvlies auf alle Teile aus Oberstoff auf die linke Seite. Übertrage die Markierungen für das Elastikband und die Taschenklappe auf die rechte Seite des Oberstoffs und alle anderen Markierungen auf die linke Stoffseite aller Teile.

1. Taschenklappe nähen

Stecke die beiden Schnittteile aus Ober- und Futterstoff für die Taschenklappe rechts auf rechts und nähe sie entlang der gerundeten Kante zusammen.

2. Rundungen einknipsen

Schneide die Nahtzugaben bis kurz vor die Naht vorsichtig v-förmig ein, damit die Kanten an den Rundungen nach dem Wenden flach liegen. Achte darauf, nicht in die Naht zu schneiden.

3. Taschenklappe fertigstellen

Wende die Taschenklappe nach rechts und schiebe die Nahtkante von innen mit einem stumpfen Stift o. Ä. vorsichtig nach außen. Bügle die Rundung schön in Form. Steppe die Rundung knappkantig ab und bügle die Klappe noch einmal.

4. Elastikband an den Taschenkorpus nähen

Lege das Rückteil aus Oberstoff mit der rechten Seite nach oben auf den Tisch. Lege das Elastikband zu einer Schlaufe (jedoch nicht um das Teil herum!) und lege die Enden mittig auf die Markierung an der unteren Kante des Taschenkorpus. Nähe die Bandenden mit einem elastischen Stich knappkantig fest.

5. Taschenteile aus Oberstoff zusammennähen

Lege das Vorderteil aus Oberstoff rechts auf rechts auf das Rückteil und stecke die Teile bis auf die obere Seite aufeinander. Das Elastikband befindet sich zwischen den beiden Teilen. Nähe sie an den drei Seiten bis zu den Markierungen zusammen

6. Futterteile zusammennähen

Schneide die Nahtzugabe unten an den Rundungen wieder bis kurz vor die Naht vorsichtig v-förmig ein. Nähe auf die gleiche Weise die Futterteile zusammen, lasse jedoch am Boden eine Wendeöffnung von ca. 8 cm frei.

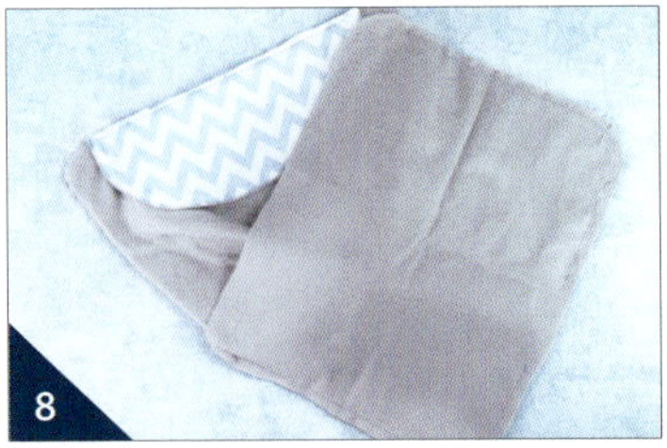

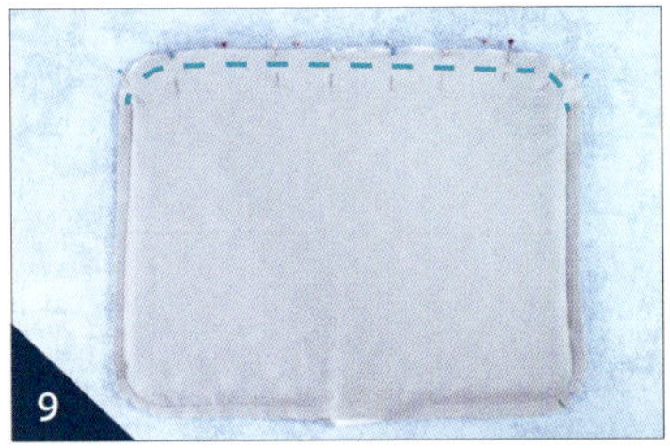

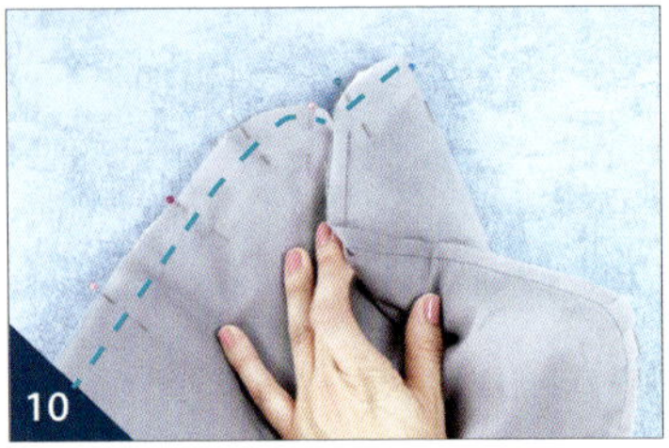

7. Klappe an Außentasche nähen

Wende die Außentasche auf rechts. Stecke die Taschenklappe rechts auf rechts an die offene Kante des Rückteils. Achte darauf, dass die Markierung des Taschenkorpus auf die Markierung der Klappe trifft. Nähe die Klappe an der Außentasche fest.

8. Futtertasche und Außentasche vorbereiten

Die Futtertasche bleibt auf links gedreht. Stecke nun die auf rechts gewendete Außentasche mit der Klappe in die Futtertasche. Außen- und Futtertasche liegen also rechts auf rechts.

9. Futter- und Außentasche fixieren

Stecke die Teile an den oberen Kanten aufeinander. Die Klappe befindet sich innen zwischen Ober- und Futterstoff. Die Markierungen aller drei Lagen liegen aufeinander. Achte darauf, dass alle Seitennähte aufeinandertreffen und das Rückteil der Außentasche auf das Rückteil der Futtertasche trifft.

10. Futter- und Außentasche zusammennähen

Nähe von einer Seitennaht zur nächsten jeweils die Vorder- und Rückteile von Futter- und Außentasche zusammen (Bild 9). Entferne hierfür ggf. das Zubehörfach, damit du die Tasche besser auf der Stichplatte positionieren kannst. Schneide die Nahtzugaben an den oberen Rundungen bis kurz vor die Naht vorsichtig v-förmig ein.

11. Tasche wenden

Wende die ganze Tasche, indem du in die Öffnung unten an der Futtertasche greifst und den Oberstoff vorsichtig herausziehst.

12. Ecken formen

Stecke das Futter nun in die herausgezogene Außenhülle. Arbeite die Kanten schön heraus, indem du durch die Wendeöffnung greifst und die Rundungen mit den Fingern nach außen schiebst.

13. Fertigstellen

Bügle die Kanten und vor allem die Rundungen sorgfältig aus. Schließe die Wendeöffnung von Hand mit Matratzenstich.

TIPP

Die Hülle kannst du auch für dein analoges Notizbuch nutzen. Sie reicht für Bücher bis Größe DIN A4. Mit entsprechendem Stoff kann der Schnitt auch für eine schicke Ausgeh-Clutch genutzt werden. Bügle dafür zusätzlich dünnes Vlies (H 250) unter das Volumenvlies auf Ober- und Futterstoff, damit die Tasche mehr Stand hat.

DIE RUNDUNG IST NICHT GELUNGEN?

Die Rundung der Taschenklappe sieht eher aus wie ein eingedellter Ball? Das ist nicht schlimm. Vielleicht musst du nicht einmal auftrennen. Wenn du innerhalb der Nahtzugabe schief genäht hast, kannst du mit einem Bleistift die richtige Linie vor der Naht nachziehen und dann die Naht nachsteppen.

Hast du außerhalb der Nahtzugabe genäht, zeichnest du die Rundung mit einem Bleistift nach und nähst sie korrekt nach. Beginne dabei ca. 1 cm vor der Korrektur in der bestehenden Naht und nähe ca. 1 cm darüber hinaus. Verriegle Anfang und Ende der neuen Naht. Die falsch genähte Stelle kannst du nun mit dem Nahttrenner auftrennen. Arbeite dabei auf der Seite, auf der sich keine Einlage befindet. Projekt gerettet!

WÄRMFLASCHENHÜLLE

Maße
22 x 38 cm

SCHWIERIGKEITSGRAD ★☆☆

♥ MATERIAL

Der Stoffverbrauch bezieht sich auf eine Stoffbreite von 140 cm.

- Oberstoff: 50 cm Baumwollbatist
- Futterstoff: 50 cm Baumwollbatist
- Volumenvlies, aufbügelbar (z. B. Vlieseline H 630)
- dünne Kordel (0,5 cm Ø): 1 m
- farblich passendes Nähgarn

♥ ZUSCHNITT

Schneide die Stoffe gemäß den Schnittmustern auf dem jeweils angegebenen Schnittmusterbogen (SB) zu. Alle Angaben enthalten bereits 1 cm Nahtzugabe. Fadenlauf und Musterrichtung beachten. Evtl. Markierungen übertragen.

- **Aus Oberstoff**
  2 x Wärmflaschenhülle (SB 2) im Stoffbruch
  1 x Tunnelzug (SB 2)
- **Aus Futterstoff**
  2 x Wärmflaschenhülle (SB 2) im Stoffbruch
- **Aus Volumenvlies**
  2 x Wärmflaschenhülle (SB 2) im Stoffbruch

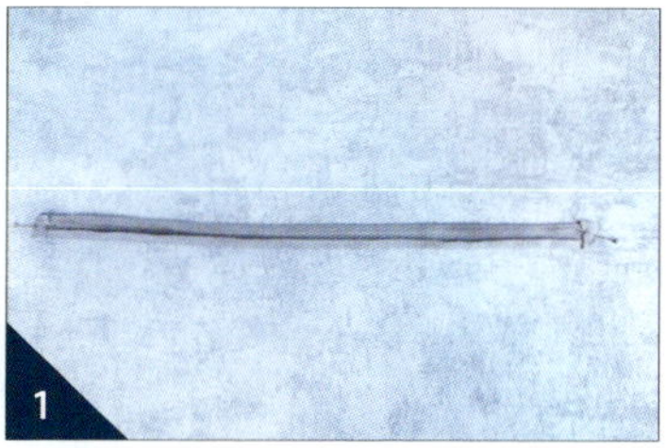

♥ LOS GEHT'S

1. Tunnelzug nähen

Versäubere die Kanten des Streifens für den Tunnelzug. Schlage alle Kanten 1 cm nach links um. Steppe den Umschlag an den Schmalkanten fest.

2. Hüllenteile nähen und wenden

Lege die beiden Hüllenteile aus Oberstoff rechts auf rechts aufeinander, stecke sie an den Seiten und der Unterkante zusammen und nähe sie bis auf die obere Kante zusammen. Schneide die Nahtzugaben an den Rundungen unten bis kurz vor die Naht vorsichtig v-förmig ein.

Wiederhole den Vorgang mit den Futterteilen und lasse unten eine Wendeöffnung von 4 cm frei. Drehe jetzt die Außenhülle nach rechts und stecke sie in die nach links gedrehte Futterhülle. Die rechten Seiten treffen also aufeinander. Stecke die Teile an der oberen Kante aufeinander und nähe sie ringsum zusammen.

Drehe die Hülle durch die Wendeöffnung nach rechts. Bügle die Naht an der Oberkante aus und steppe sie von rechts knappkantig ab. Schließe die Wendeöffnung von Hand mit Matratzenstich.

3. Tunnelzug positionieren

Prüfe anschließend, ob die Höhe der Tunnelzugmarkierung auch für dein Wärmflaschenmodell passt, indem du dieses vom Boden bis zum Anfang des Flaschenhalses abmisst.

4. Tunnelzug markieren

Markiere diese Höhe an der Hülle rechts und links mit Stecknadeln. Markiere auf dieser Höhe auch die Mitte der Hülle, an der der Tunnelzug beginnt und endet, mit einer Stecknadel.

5. Markierungen verbinden

Verbinde mithilfe eines Handmaßes und eines Markierstifts die beiden äußeren Punkte zu einer geraden Linie und führe diese auf dem Rückteil fort.

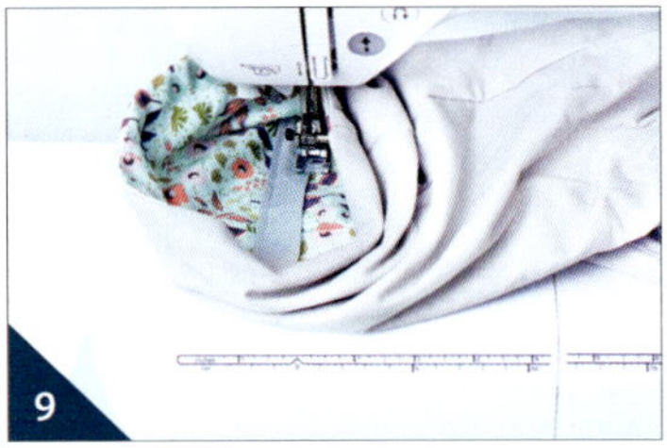

6. **Tunnelzugstreifen feststecken**

Lege die untere Kante des Tunnelzugstreifens an diese Linie an und stecke den Streifen fest. Achte darauf, dass du das Rückteil nicht mit feststeckst.

7. **Tunnelzugstreifen steppen**

Damit beim Steppen des Streifens das Rückteil der Hülle nicht mitgefasst wird, arbeitest du mit dem Freiarm: Schiebe das Zubehörfach nach links und nimm es ab. Schiebe die Hülle (rechte Seite außen) über den Freiarm. Platziere den Streifen unter dem Nähfuß und steppe ihn ringsum knappkantig fest.

8. **Tunnelzugstreifen ohne Freiarm oben steppen**

Falls deine Maschine keinen Freiarm hat, drehst du die Hülle nach links und legst sie mit dem Streifen unter den Nähfuß. Die Futterhülle liegt außen und die Öffnung rechts von dir. Nun kannst du die obere Kante des Streifens ringsum knappkantig festnähen; dabei drehst du die Hülle mit.

9. **Tunnelzugstreifen ohne Freiarm unten steppen**

Jetzt nähst du die untere Kante des Streifens fest: Dafür lässt du die Hülle links gewendet und positionierst den Tunnelzugstreifen so unter dem Nähfuß, dass die Öffnung der Hülle sich diesmal links von dir befindet. Nähe die untere Streifenkante knappkantig fest und drehe die Hülle wieder mit.

NÄHEN VON SCHMALEN ÖFFNUNGEN

Das Nähen des Tunnelzugs an dieser relativ schmalen Öffnung ist etwas anspruchsvoll, wenn man es noch nie gemacht hat. Du musst beim Nähen einerseits darauf achten, dass du die untere Seite der Hülle abhältst, um nicht versehentlich beide Lagen zusammenzunähen. Andererseits muss die schmale Öffnung so platziert werden, dass trotzdem so komfortabel wie möglich genäht werden kann.

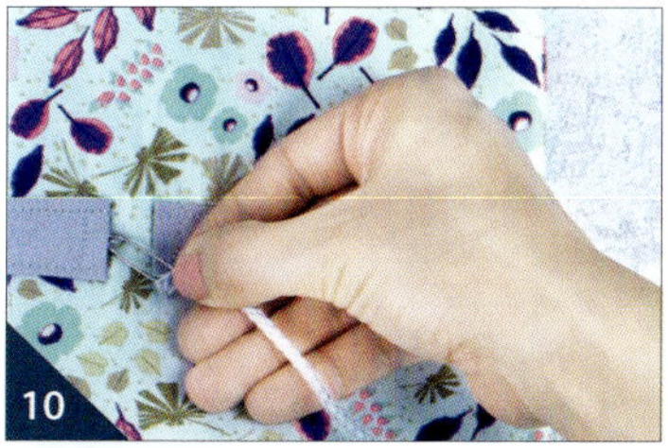

10

11

10. Kordel einfädeln

Nimm jetzt die Kordel und befestige (etwas zurückversetzt) eine Sicherheitsnadel an einem Ende. Schiebe die Kordel mithilfe der Sicherheitsnadel nach und nach durch den Tunnel, bis sie auf der anderen Seite wieder hervorkommt.

11. Fertigstellen

Schiebe die Wärmflasche nun in die Hülle. Halte die Kordelenden fest und schiebe den Stoff am Tunnelzug zusammen. Binde die Kordel zu einer Schleife und verknote die Kordelenden. Kürze sie, falls nötig, auf die gewünschte Länge.

STOFFBEUTEL TO GO

Maße
48 x 74 cm

SCHWIERIGKEITSGRAD ★☆☆

MATERIAL

- Stoffreste: 76 cm lang
- Stoffrest für den Innenbeutel: 50 x 76 cm
- farblich passendes Nähgarn

ZUSCHNITT

Folge für die Vorbereitung des Außenbeutels Step 1 und 2 der Anleitung. Den Innenbeutel und die Henkel schneidest du zu, wie in Step 3 und 4 beschrieben. Die angegebenen Maße enthalten bereits 1 cm Nahtzugabe. Fadenlauf und Musterrichtung beachten.

♥ LOS GEHT'S

1. **Stoffe zuschneiden**
Suche dir für den Außenbeutel der Tasche verschiedene Stoffe zusammen und schneide diese zu Streifen von 76 cm Länge und unterschiedlicher Breite zu.

2. **Stoffstreifen aneinandernähen**
Lege die Streifen rechts aufeinander und nähe die Seitenränder zusammen, sodass ein Stück Stoff mit einer Höhe von 50 cm und einer Breite von 76 cm entsteht.

3. **Innenbeutel zuschneiden**
Für den Innenbeutel schneidest du Stoff in der Größe des Außenbeutels (50 x 76 cm) zu.

4. **Henkel zuschneiden**
Für die Henkel des Beutels schneidest du zwei Stücke Stoff in den Maßen 13 x 75 cm zu.

5. **Henkel nähen**
Falte die Stoffstreifen auf rechts zusammen und nähe sie an der langen Seite knappkantig zusammen. Wende die so entstandenen Henkel auf rechts.

6. **Außenbeutel nähen**
Falte den Oberstoff rechts auf rechts zusammen, fixiere ihn mit einigen Stecknadeln und nähe nur zwei Seiten zu, sodass die obere Seite als Beutelöffnung offen bleibt.

7

8

9

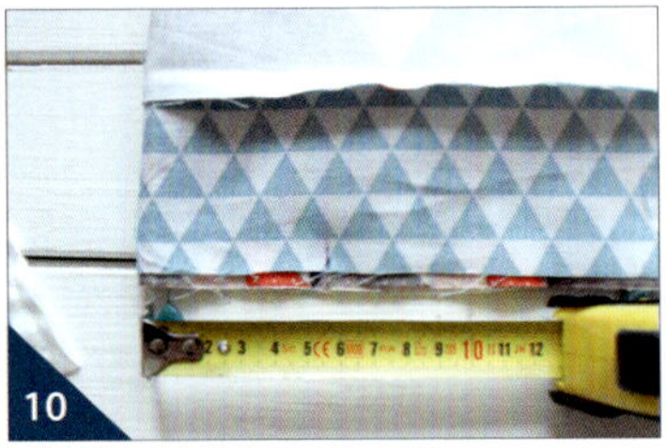
10

11

12

7. **Innenbeutel nähen**
Falte den Innenstoff rechts auf rechts zusammen, fixiere ihn mit Stecknadeln und nähe nur zwei Seiten zu, sodass die obere Seite als Beutelöffnung bleibt. Am Taschenboden bleibt eine Wendeöffnung von 10 cm.

8. **Henkel absteppen**
Steppe die Henkel mit einem Geradstich an beiden Seitenrändern ab.

9. **Innen- und Außenbeutel zusammenführen**
Stecke den Innenbeutel (auf rechts gewendet) in den Außenbeutel (auf links).

10. **Henkel fixieren**
Miss von beiden Seitenrändern des Stoffs auf Vorder- und Rückseite 6 cm zur Mitte ab. Fixiere anschließend die Henkel mit Stecknadeln am Öffnungsrand.

11. **Seitennähte fixieren**
Fixiere zunächst beide Seitennähte mit je einer Nadel und stecke dann weitere Nadeln am oberen Rand des Beutels fest.

12. **Henkel positionieren**
Lege dann beide Henkel vorn und hinten zwischen Außen- und Innenbeutel.

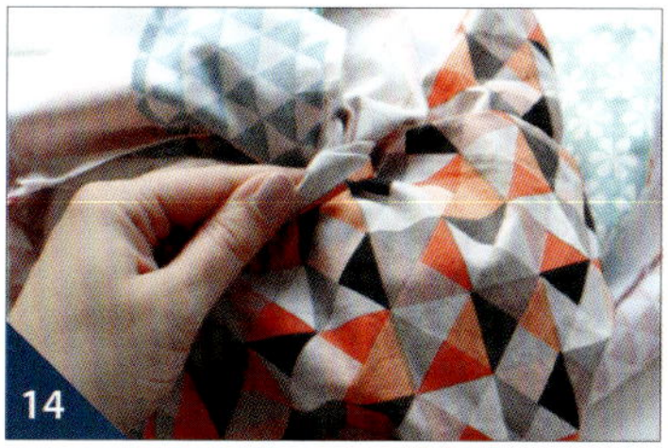

TIPP

Wichtig: Bügle die Stoffe vor und während der Verarbeitung mehrmals.

13. Oberen Rand nähen

Nähe den oberen Rand mit einer Nahtzugabe von 1 cm zusammen.

14. Beutel wenden

Wende dann den Beutel über die Wendeöffnung am Boden auf rechts. Klappe die Nahtzugaben an der Öffnung nach innen und verschließe diese knappkantig.

15. Fertigstellen

Stülpe das Futter, also den Innenbeutel, nach innen und steppe den oberen Rand nochmals mit 1 cm Nahtzugabe ab.

LUNCHBAG

SCHWIERIGKEITSGRAD ★☆☆

MATERIAL

- Karton: 14 x 12 cm
- Stoffreste: 14 x 12 cm
- Wachstuch: 24 x 28 cm
- 1 Knopf
- Band oder Kordel: ca. 8–10 cm
- Schrägband
- farblich passendes Nähgarn

ZUSCHNITT

Fertige eine Schablone aus Karton an und schneide die Stoffe nach der Schablone zu, wie in Step 1 beschrieben. Die Schablone enthält bereits knapp 1 cm Nahtzugabe. Fadenlauf und Musterrichtung beachten. Evtl. Markierungen übertragen.

Maße
25 x 20 cm

1

2

3

4

♥ LOS GEHT'S

1. **Stoffe zuschneiden**

Zeichne auf ein Stück Karton ein Rechteck mit den Maßen 14 x 12 cm und schneide es aus. Die entstandene Schablone legst du auf die verschiedenen Stoffstücke, zeichnest acht Stoffstücke an und schneidest diese aus. Das Wachstuch für innen lässt du an einem Stück.

2. **Stoffstücke aneinandernähen**

Nun nähst du die Stoffstücke, wie in Bild 2 gezeigt, aneinander: jeweils zwei Stücke neben und unter einander.

3. **Außen- und Innenbeutel nähen**

Nun nähst du mit dem Geradstich jeweils die zwei Außenseiten und den Boden rechts auf rechts zusammen. Falte das Wachstuch und nähe eine Außenseite und den Boden zusammen. Als Ergebnis erhältst du einen Außenbeutel (Patchstoff) und einen Innenbeutel (Wachstuch).

4. **Boden vorbereiten**

Nimm dann den Boden des jeweiligen Beutels und falte ihn in der Mitte auseinander. Du misst jeweils von zwei gegenüberliegenden Spitzen ca. 5 cm ab und ziehst über die gesamte Breite des Stoffs eine Linie, an der du absteppst.

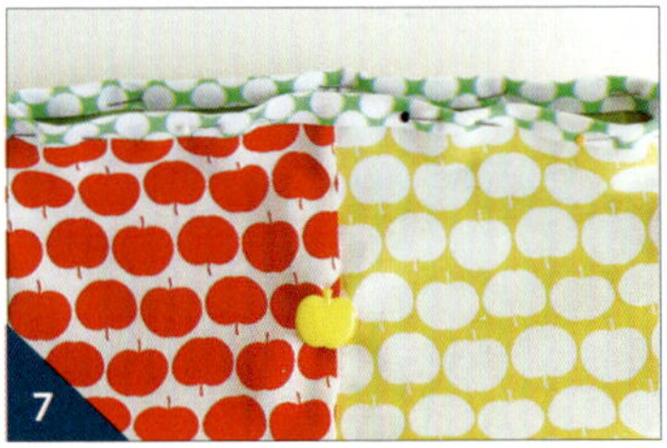

5. Boden beschneiden

Die beiden nun überflüssigen Spitzen schneidest du mit der Schere ab.

6. Beutel ineinanderstecken

Stecke den Innenbeutel in den auf rechts gewendeten Außenbeutel.

7. Knopf anbringen

Nun nähst du den Knopf am Außenbeutel fest. Um die geeignete Stelle dafür zu finden, misst du vom oberen Rand in der Mitte des Beutels ca. 7,5 cm ab.

8. Fertigstellen

Jetzt steckst du das Schrägband mit Stecknadeln um den Rand herum fest. Auf der gegenüberliegenden Seite des Knopfs befestigst du hierbei unter dem Schrägband gleichzeitig die Kordel so, dass eine Schlaufe entsteht. Nähe das Schrägband an.

WÄSCHEKLAMMERBEUTEL

SCHWIERIGKEITSGRAD ★ ☆ ☆

MATERIAL

- Karton: 34 x 24 cm
- 4 Stoffreste: 34 x 24 cm
- Schrägband (optional)
- Kam Snaps
- farblich passendes Nähgarn

ZUSCHNITT

Fertige eine Schablone aus Karton an und schneide die Stoffe nach der Schablone zu, wie in Step 1 und 2 beschrieben. Die Schablone enthält bereits knapp 1 cm Nahtzugabe. Fadenlauf und Musterrichtung beachten. Evtl. Markierungen übertragen.

Maße
22 x 32 cm

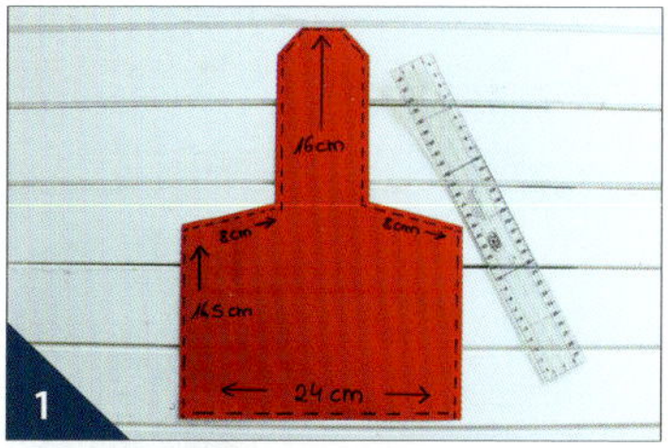

♥ LOS GEHT'S

1. Schablone anfertigen

Zeichne auf ein Stück Karton eine Schablone mit den folgenden Maßen: 16,5 cm lang, 24 cm breit, 8 cm Schräge, 16 cm Henkellänge (siehe Bild).

2. Stoffe ausschneiden

Lege die Schablone auf die Stoffe, zeichne sie an und schneide die Stoffteile aus. Du benötigst insgesamt vier Teile, jeweils zwei für die Innen- und Außenseiten.

3. Innen- und Außenseite nähen

Lege je eine Innen- und Außenseite auf rechts zusammen und stecke den Henkelbereich mit Nadeln fest. Nähe diesen zusammen.

4. Innen- und Außenseite zusammennähen

Lege die zwei aufgeklappten Teile mit den Henkeln in der Mitte rechts auf rechts zusammen und stecke sie mit Nadeln fest. Nähe die Kanten zusammen, lass aber eine kleine Öffnung zum Wenden.

5. Beutel wenden

Wende nun den Beutel nach außen und nähe die Öffnung zu. Anschließend steckst du den Innenbeutel nach innen und bügelst mit dem Bügeleisen alles glatt.

6. Fertigstellen

Dann bringst du die Kam Snaps an (siehe S. 21). Optional kannst du auch ein Schrägband annähen.

BÜCHLEINTASCHE

Maße 24,5 x 12 cm (geöffnet)

SCHWIERIGKEITSGRAD ★☆☆

♥ MATERIAL

- Oberstoff: 43 x 22 cm Baumwollstoff in Natur mit Rittermotiven
- Futterstoff: 54 x 14 cm Baumwollstoff in Natur
- Volumenvlies, aufbügelbar (z. B. Vlieseline H 630): 35 x 22 cm
- Filz für Applikationen (0,9 mm stark):
  10 x 7 cm in Braun
  7 x 5 cm in Rot
  4 x 2 cm in Schwarz
- Klettband zum Aufnähen (2 cm breit), in Natur: 3,7 cm
- farblich passendes Nähgarn

♥ ZUSCHNITT

Schneide die Stoffe gemäß den angegebenen Maßen zu. Alle Angaben enthalten bereits 1 cm Nahtzugabe. Die Applikationsmotive sind auf dem angegebenen Schnittbogen (SB). Evtl. Markierungen übertragen.

- **Aus Oberstoff**
  1 x Tasche mit 26,5 x 14 cm
  1 x Klappe mit 7 x 7 cm
  2 x Henkel mit je 8 x 18 cm
- **Aus Futterstoff**
  1 x Tasche mit 26,5 x 14 cm
  1 x Klappe mit 7 x 7 cm
  2 x Einstecklaschen mit je 10 x 14 cm
- **Aus Volumenvlies**
  1 x Tasche mit 26,5 x 14 cm
  1 x Klappe mit 7 x 7 cm
  2 x Henkel mit je 4 x 18 cm
- **Aus Filz**
  1 x Schild (SB 2) in Braun
  1 x Helm (SB 2) in Braun
  1 x Blume (SB 2) in Rot
  1 x Feder in Rot
  1 x Visier in Schwarz

Bereite alle Schnittteile vor und bügle die Vlieseline auf die linke Stoffseite der entsprechenden Schnittteile aus Oberstoff.

TIPP

Beim Zuschneiden des Stoffs mit den Rittermotiven ist es wichtig, die Musterrichtung zu markieren – sonst stehen die Ritter später auf dem Kopf!

1

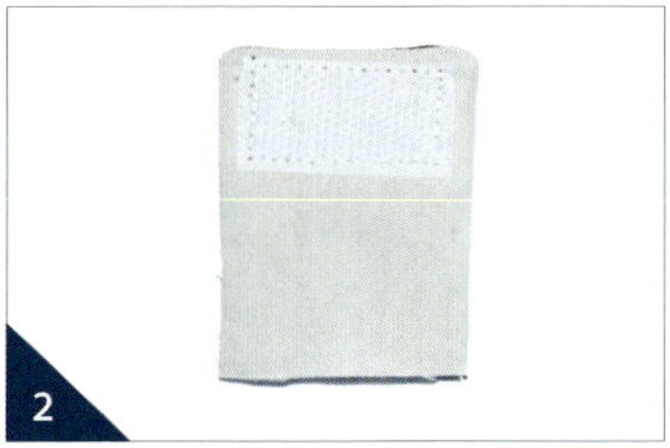

2

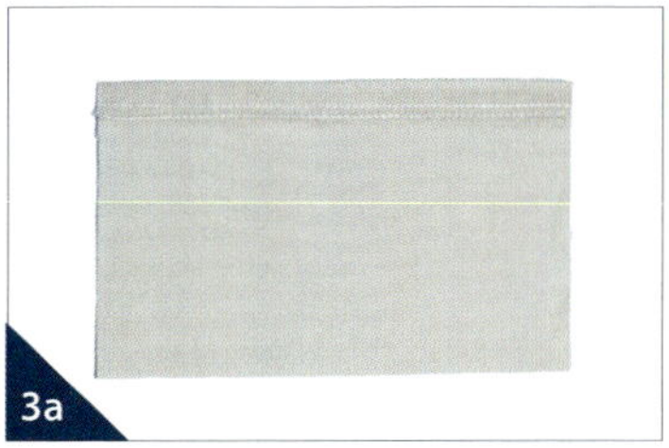

3a

3b

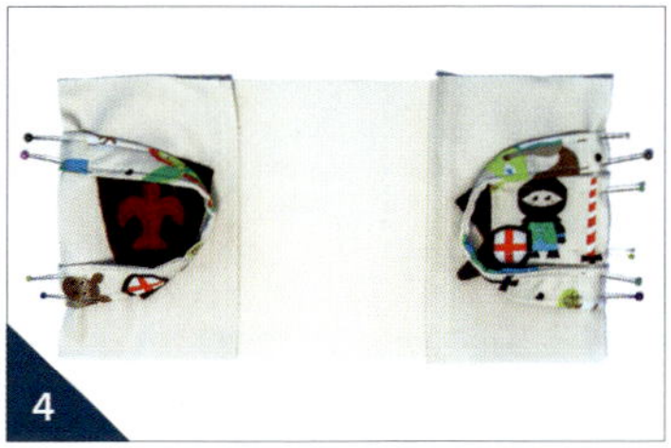

4

5

♥ LOS GEHT'S

1. Henkel anfertigen

Fertige zuerst die Henkel an, wie auf Seite 22 beschrieben.

2. Klappe annähen

Die Klappe aus Oberstoff rechts auf rechts auf die Klappe aus Futterstoff stecken und bis auf eine Schmalseite zusammennähen. Die Nahtzugaben an den Ecken vorsichtig schräg abschneiden und die Klappe wenden. Ecken und Kanten ausformen und bügeln. Nun die Hakenseite des Klettbands auf der Futterseite knapp neben der geschlossenen Schmalseite feststecken und festnähen. Dabei ein möglichst gleichmäßiges Rechteck steppen, es ist später von rechts sichtbar.

3. Applikationen anbringen

Bei den Einstecklaschen jeweils eine der Längskanten mit Zickzackstich versäubern. Dann 1 cm nach links umklappen, bügeln und den Umschlag knappkantig festnähen. Die Einstecklaschen mit der Steppkante jeweils zur Mitte zeigend und mit der rechten Seite nach oben auf die Arbeitsfläche legen. Den Schild 1,5 cm von der Steppkante entfernt auf der linken Lasche mittig feststecken und knappkantig aufnähen. Dann den Helm im selben Abstand auf die zweite Lasche stecken und aufsteppen. Feder und Visier auf dem Helm platzieren und aufsteppen. Zuletzt die Blume mittig auf den Schild steppen.

4. Klettband annähen

Nähe auf die rechte Seite des Taschenteils aus Oberstoff, 1,5 cm von der rechten Schmalkante entfernt, die flauschige Seite des Klettbands mittig längs auf.

5. Fertigstellen

Lege das Futtertaschenteil mit der rechten Seite nach oben auf die Arbeitsfläche. Nun legst du jeweils bündig der Reihe nach folgende Teile auf die Schmalkanten: Einstecklaschen mit den Motiven nach oben und den offenen Schmalseiten außen; an der rechten Kante mittig die Klappe mit dem Klettband nach unten; die Henkel mittig mit jeweils 2,5 cm Abstand zum oberen und unteren Rand. Darauf legst du das Taschenteil aus Oberstoff rechts auf rechts (auf die Musterrichtung achten) und steckst es ringsum fest. Alle Lagen bis auf eine Wendeöffnung (7 cm am unteren Rand) zusammennähen. Die Nahtzugaben an den Ecken vorsichtig schräg abschneiden und die Tasche durch die Öffnung nach rechts drehen. Alle Ecken und Kanten sorgfältig nach außen schieben und die Öffnung von Hand mit Matratzenstich schließen.

KÜHLKISSEN

SCHWIERIGKEITSGRAD ★ ☆ ☆

MATERIAL

- Oberstoff: 40 x 26 cm Baumwollstoff in Hellblau mit weißem Chevronmuster
- Filz für Applikationen (0,9 mm stark):
  3 x 3 cm in Rosa
  2 x 2 cm in Schwarz
- Volumenvlies, aufbügelbar (z. B. Vlieseline H630): 15 x 16 cm
- Füllwatte
- Kühlkissen (13 x 14 cm groß)
- farblich passendes Nähgarn

ZUSCHNITT

Schneide die Stoffe gemäß den angegebenen Maßen oder den Schnittmustern auf dem jeweils angegebenen Schnittmusterbogen (SB) zu. Alle Schnittangaben enthalten bereits 1 cm Nahtzugabe. Fadenlauf und Musterrichtung beachten. Evtl. Markierungen übertragen.

- **Aus Oberstoff**
  1 x Vorderteil: 15 x 16 cm
  2 x Rückteil: 15 x 12 cm
  4 x Bein (SB 2)
  4 x Arm (SB 2)
  4 x Ohr (SB 2)
- **Aus Filz**
  1 x Nase (SB 2) in Rosa
  2 x Auge (SB 2) in Schwarz
- **Aus Volumenvlies**
  1 x Vorderteil: 15 x 16 cm

1a

1b

2

3

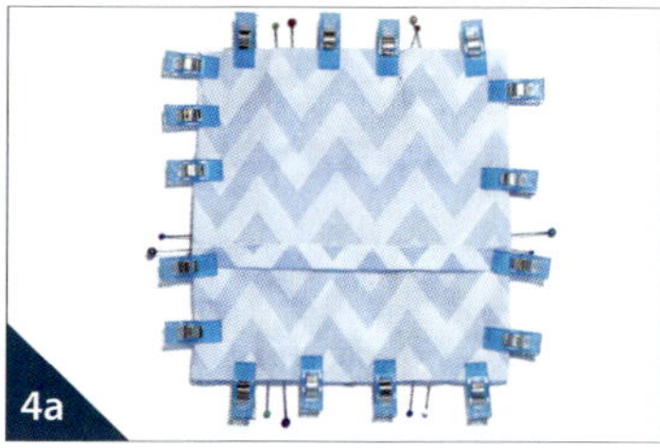
4a

4b

♥ LOS GEHT'S

1. Beine, Ohren, Arme anfertigen

Lege zwei Beinteile rechts auf rechts aufeinander, stecke sie fest und nähe sie bis auf die Wendeöffnung am Beinansatz zusammen. Schneide an der Rundung die Nahtzugabe vorsichtig v-förmig ein. Drehe das Bein durch die Öffnung auf rechts und schiebe die Rundungen und Kanten nach außen. Stopfe das Bein mit etwas Füllwatte aus. Fertige auf diese Weise auch das zweite Bein, die Ohren und die Arme.

2. Rückteil vorbereiten

Versäubere eine der Längskanten an einem Rückteil mit Zickzackstich. Bügle diese Kante dann 1 cm nach links um und steppe sie mit Geradstich fest. Wiederhole diesen Schritt am zweiten Rückteil.

3. Gesicht anfertigen

Bügle auf die linke Seite des Vorderteils das Vlies auf. Lege die Nase mittig auf das Vorderteil, stecke sie fest und nähe sie mit rosa Garn knappkantig auf. Stecke die Augen seitlich schräg darüber fest und nähe sie mit schwarzem Garn auf. Male die Schnauze mit Trickmarker auf und nähe diese Linien mit schwarzem Garn ein paar Mal nach. Trickmarker ggf. mit Wasser entfernen.

4. Vorderteil fertigstellen

Lege das Vorderteil mit den Applikationen nach oben auf die Arbeitsfläche und stecke Beine, Arme und Ohren jeweils mit der offenen Kante bündig wie folgt darauf fest: Ohren und Beine an den oberen bzw. unteren Rand mit 3,2 cm Abstand zur nächsten Ecke, Arme an den beiden Seiten mit 5,7 cm Abstand zur oberen Ecke. Stecke die Teile mit den Nadelköpfen nach außen fest. Lege die Rückteile rechts auf rechts so darauf, dass die gesteppten Seiten sich mittig und quer überlappen. Feststecken und ringsum zusammennähen.

5. Nahtzugaben zurückschneiden

Schneide die Nahtzugaben an den Ecken schräg ab, achte darauf, die Naht nicht zu beschädigen.

6. Wenden und bügeln

Drehe die Hülle durch die Öffnung nach rechts. Schiebe die Ecken und Nähte nach außen und bügle sie (die wattierten Teile sollten dabei nicht flach gedrückt werden).

7. Fertigstellen

Lege das Kühlkissen in die Hülle ein.

KRIMSKRAMS-UTENSILO

Maße
100 x 27 cm

SCHWIERIGKEITSGRAD ★ ☆ ☆

MATERIAL

- Oberstoff: 120 x 50 cm Baumwollcanvas in Sonnengelb
- Klarfolie für Fenster (0,2 mm stark): 48 x 16 cm
- Volumenvlies, aufbügelbar (z. B. Vlieseline H 630): 60 x 25 cm
- Schrägband in Türkis mit weißen Punkten: 6,70 m
- Rundholz (Ø 1,6 cm): 1 m lang
- farblich passendes Nähgarn

ZUSCHNITT

Schneide die Stoffe gemäß den angegebenen Maßen oder den Schnittmustern auf dem jeweils angegebenen Schnittmusterbogen (SB) zu. Alle Schnittangaben enthalten bereits 1 cm Nahtzugabe. Fadenlauf und Musterrichtung beachten. Evtl. Markierungen übertragen. Benutze zum Schneiden der Klarfolie eine Allzweckschere – die Stoffschere würde sonst stumpf werden.

- **Aus Oberstoff**
  3 x Rückteil: 20 x 50 cm
  3 x Front (SB 2)
- **Aus Klarfolie**
  3 x Fenster: 16 x 16 cm
- **Aus Volumenvlies**
  3 x Einlage: 20 x 25 cm
- **Schrägband**
  3 x 20 cm (für die obere Einfassung)
  6 x 25 cm (für die Aufhängung am Holz)
  3 x 110 cm (für die seitliche und untere Einfassung)
  2 x 64 cm (für die Aufhängung an der Wand)

TIPP

Knicke in der Klarfolie kannst du mit dem Föhn auf kleinster Stufe vorsichtig glätten.

♥ LOS GEHT'S

1. Vlies auf Rückteile bügeln

Falte ein Rückteil mittig quer (linke Seite liegt innen) und bügle den Bruch ein. Klappe das Rückteil wieder auf und bügle auf eine Hälfte von links ein Vliesteil auf. Wiederhole diesen Schritt bei den anderen Rückteilen.

2. Frontteile anfertigen

Nun ein Frontteil ebenfalls mittig quer (linke Seite liegt innen) falten und den Bruch einbügeln. Die Front aufgeklappt mit der rechten Seite nach unten auf die Arbeitsfläche legen. Die Fensteraussparung an den Kanten umklappen und sorgfältig bügeln. Das Frontteil wieder links auf links klappen, das Fenster aus Klarfolie dazwischenlegen und mit Clips oder Wäscheklammern fixieren (möglichst keine Stecknadeln verwenden, sie hinterlassen Löcher in der Folie). Die drei Lagen knappkantig entlang des Fensters zusammennähen. Die anderen Frontteile genauso verarbeiten.

3. Obere Kante mit Schrägband einfassen

Die obere Kante (hier Bruchkante) eines Rückteils mit einem 20 cm langen Schrägband einfassen, die Bandränder sollten leicht überstehen. Nun jeweils oben an den Längsseiten des Rückteils 5 cm von den insgesamt 25 cm langen Schrägbändern kantig festnähen, die restlichen 20 cm bleiben oben für die Schleifen hängen. Wiederhole diesen Schritt bei den anderen Rückteilen.

4. Front- und Rückteil mit Schrägband einfassen

Lege ein Frontteil mit der Bruchkante nach oben und am unteren Rand bündig auf ein Rückteil. Ein 110 cm langes Schrägband ringsum so anbringen, dass die anderen Bandenden davon überdeckt werden. Beginne mit dem Schrägband an einer der oberen Ecken und lass 20 cm für die Schleife überstehen. Wiederhole diesen Schritt bei den anderen Taschen.

5. Taschen am Rundholz anbringen

Die Taschen mit Schleifen am Rundholz befestigen. Knote dann die 64 cm langen Schrägbänder am Rundholz fest, binde sie mit einigen Zentimetern Abstand zum Holz zu festen Schleifen. Nun kannst du das Utensilo an zwei Nägeln an der Wand befestigen.

5b

7

8

9

6. Falze absteppen

Klappe die Mappe auf (Einschübe liegen oben) und steppe parallel zur rechten Schmalseite (Blättereinschub) im Abstand von 24 cm eine Längsnaht. Steppe auch parallel zum linken Rand (Stifteeinschub) im Abstand von 21 cm eine Längsnaht. An diesen Nähten wird die Mappe später gefaltet.

7. Blocklasche annähen

Lege nun 1,5 cm vom oberen Rand mittig zwischen den Längsnähten quer die Blocklasche auf. Stecke und nähe sie an den Schmalseiten fest.

8. Stifteeinschub unterteilen

Unterteile den Stifteeinschub quer in ca. 2,5 cm breite Abschnitte (das ergibt insgesamt 12 Stifteeinschübe) und steppe diese der Reihe nach ab. Verriegle die Nähte mehrmals im Übergang zur Mappeninnenseite, da dieser Bereich später stark beansprucht wird.

9. Fertigstellen

Schließe die Mappe so, dass zuerst der Stifteeinschub auf die Blocklasche geklappt und dann der Blättereinschub darübergeschlagen wird. Lege die Lasche mit dem Klettband um die Kanten und positioniere dann die flauschige Seite des Klettbands auf der Mappenaußenseite, sodass sie unter der Hakenseite der Lasche liegt. Stecke das Klettband fest und nähe es von Hand auf.

SCHLÜSSELBAND

Maße
ca. 40 x
2,3 cm

SCHWIERIGKEITSGRAD ★☆☆

♥ MATERIAL

- Oberstoff: 83 x 9 cm Baumwollstoff in Rot mit weißen Punkten
- Webband in Grün mit Fliegenpilzen: 83 cm
- Volumenvlies, aufbügelbar (z. B. Vlieseline H 630): 83 x 4,5 cm
- 1 Karabinerhaken mit D-Ring (18 mm breit)
- Schlüsselringe in beliebiger Form (hier Blüten)
- farblich passendes Nähgarn

♥ ZUSCHNITT

Schneide die Stoffe gemäß den angegebenen Maßen zu. Alle Schnittangaben enthalten bereits 1 cm Nahtzugabe. Fadenlauf und Musterrichtung beachten.

- **Aus Oberstoff**
  1 x Schlüsselband: 83 x 9 cm
- **Aus Volumenvlies**
  1 x Streifen: 83 x 4,5 cm

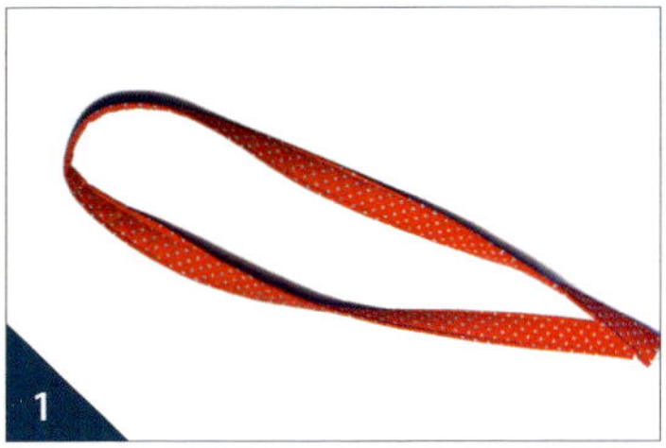

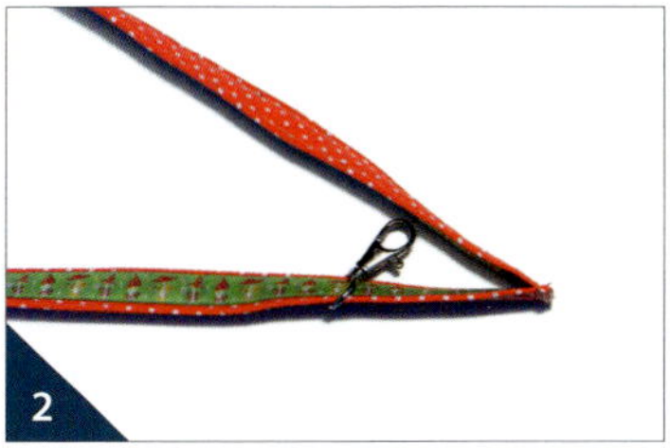

♥ LOS GEHT'S

1. Band anfertigen

Bügle das Volumenvlies auf die linke Seite des Stoffbands. Fertige aus dem Stoffstreifen, wie auf Seite 22 beschrieben, ein Band an. Verwende zum Nähen rotes Garn.

2. Webband aufnähen

Lege das Webband mittig auf das fertige Band, fixiere es mit Stecknadeln und nähe es knappkantig mit grünem Garn an den Längsseiten fest.

3. Karabiner anbringen

Fädle den Karabinerhaken auf das Band. Lege dann die Enden des Schlüsselbands rechts auf rechts aufeinander, stecke und nähe sie knappkantig zusammen.

4. Fertigstellen

Wende die Naht nach innen und schiebe den Karabinerhaken bis knapp neben die Naht. Steppe daneben ein Quadrat von 1,5 cm (innerhalb des Webbands) und darin noch ein Kreuz. So ist die Naht besonders haltbar.

ÜBERSICHT SCHNITTMUSTER

SCHNITTMUSTERBOGEN 1

- Hai-Wäschesack
- Kulturtasche
- Kosmetiktasche mit Pinselfach
- Praktische Utensilos

SCHNITTMUSTERBOGEN 2

- Blätterkörbchen
- Stiftemäppchen
- Clutch für das Notebook
- Wärmflaschenhülle
- Büchleintasche
- Kühlkissen
- Krimskrams-Utensilo
- Utensilo